Jugenderziehung im Mittelalter,

dargestellt nach den altfranzösischen Artus- und Abenteuerromanen.

Wissenschaftliche Beilage

zum 31. Jahresbericht

der städtischen Realschule und des Progymnasiums zu Solingen

von Dr. F. Meyer.

1896. Nr. 513.

Solingen, 1896.

Gedruckt bei B. Boll.

This scarce antiquarian book is included in our special *Legacy Reprint Series*. In the interest of creating a more extensive selection of rare historical book reprints, we have chosen to reproduce this title even though it may possibly have occasional imperfections such as missing and blurred pages, missing text, poor pictures, markings, dark backgrounds and other reproduction issues beyond our control. Because this work is culturally important, we have made it available as a part of our commitment to protecting, preserving and promoting the world's literature. Thank you for your understanding.

Verzeichnis der Abkürzungen und der benutzten Texte.

A. A.: Ausgaben und Abhandlungen, hrsg. von E. Stengel, Marburg.
A. N : Aucassin und Nicolete ed. Suchier. 1881².
A. P.: L'Atre Perilleux ed. A. Tobler. Herrigs Archiv Bd. XLII.
A. Y.: Amadis et Ydoine p. p. C. Hippeau, Paris 1863.
B. I.: Le Bel Inconnu par Renaud de Beaujeu p. p. C. Hippeau. 1860.
Bl : Blancandin p p. H. Michelant. Paris 1867.
B. M : Brun de la Montagne p. p. P. Meyer. Paris 1875.
Bs.: Beaudous. cf. Chast. Bd. I.
C. B.: Conte de fole Largece ed. zusammen mit J. B.
C. C.: Le Châtelain de Coucy p. p. Crapelet. Paris 1829.
Char.: Li Romans de la Charette ed Jonkbloet. Gravenhage 1846.
Ch. Esp : Li chevalier as deus espees ed. W. Förster. Halle 1877.
Ch. L : Le Chevalier au Lyon ed. Holland 1886³. Der Löwenritter ed. W. Förster. Halle 1887.
Cl.: Cliges ed. W. Förster. Halle 1884.
Clar.: Claris und Laris ed. Dr Alton. Stuttgart 1885
Cléom: Cléomadès p. p. van Hasselt. Bruxelles 1865 und 1868. 2 Bde.
D. G.: Durmart le Galois ed. E. Stengel, 1873.
D. M.: Li dis dou chevalier a le mance ed. in den Dits et Contes de Baudouin de Condé et de son fils Jean de Condé Bd. II p. p. A. Scheler. Bruxelles 1866.
Dol.: Dolopathos p. p. Brunet et Montaiglon. Paris 1856.
E. E.: Erec und Énide ed. Haupt, Z. f. dt. A. Bd. X und W. Förster, Halle 1890.
Efle.: L'Escoufle p. p. H. Michelant et P. Meyer, Paris 1894. (Soc. des anc. textes fr).
Ens.: L'enseignement des princes. cf. Chast. Bd. III.
Esc : Escanor ed. Michelant, Stuttgart 1886.
F. B.: Flore et Blancefiore p p. du Méril. Paris 1856.
Fe.: Fergus ed. E. Martin. Halle 1872.
F. F.: Floriant and Florete ed. by Fr. Michel. Edinburgh 1873.
F. L.: Floris und Liriopé. cf. Chast. Bd. II
Gal : Galerent par Renaut p p. A. Boucherie. 1888.
G. D.: Le Roman de la Rose ou de Guillaume de Dole p. p. G. Servois. 1893. Soc. des a. t. fr.
G. G.: The anglonorman chronicle of Geoffrey Gaimar, ed. by Th Wrigth. London 1857.
G. P.: Guillaume de Palerne, p. p. H. Michelant, Paris 1876. (Soc. des a. t. fr.)
H.: Oeuvres de Gautier d'Arras p. p. E. Löseth. Paris 1890, Bd. I, Heraclius. (Bibl. fr. du m. a. Bd. VI.)

J.: Joufrois, ed. K. Hoffmann und Fr. Munker. Halle 1880.

J. B.: Jehan et Blonde par Philippe de Remi p. p. Suchier, Bd. II. Paris 1885. (Soc. des a. t fr).

J. G.: Jlle und Galeron von Walter v. Arras ed. W. Förster. Halle 1891.

L. A.: Lai d'Amors. Romania VII, p. 407 f.

L. C.: Le lai du corn p p. Fr. Michel in Ferd. Wolf „Ueber die Lais, Sequenzen f.

L Ch.: Li lays dou blanc chevalier, vgl D. M.

L. D.: Lai de Doon, Romania VIII, p 59 f.

L. E.: Lai de l'Espervier, Romania VII, p 3 f.

L. Fr.: Die Lais der Marie de France ed K. Warnke. Halle 1885.

L. G.: Lai de Guingamor, Romania VIII, p. 50 f.

L. H.: Lay d'Havelok le Danois, vergl G. G

L I.: Lai d'Ignaurès par Renaut p. p. Monmerqué et Michel. Paris 1832

L. In.: Lais inédits des XIIe et XIIIe siècles p. p. Fr. Michel. Paris 1836.

L. L.: Lai du Lecheor, Romania VIII p. 64 f.

L. M.: Lai de Mélion, vergl. L I.

L. T.: Lai de Tydorel, Romania VIII, p. 66 f.

L. Tl.: Lai de Tyolet, Romania VIII, p. 41 f.

L. Tr.: Lai du Trot, vgl L I.

M. B.: Mannekine vgl. J. B. Bd. I.

M. Br.: Münchener Brut ed. K. Hoffmann und K. Vollmöller. Halle 1877.

M. Fr.: La Mule sanz Frain p. p. Méon (in Nouveau Recueil de Fabliaux et Contes, Bd. I). Paris 1823.

Meyer: A A. No. 89. Marburg 1892.

M. M.: Du mantel mautaillé ed Michel, (zusammen mit L. C.)

M. P.: Meraugis de Portlesguez p. p. H. Michelant. Paris 1861.

Müller, Die täglichen Lebensgewohnheiten etc. Dissertation. Marburg 1889.

Oct.: Octavian ed. K. Vollmöller. Heilbronn 1883.

P. B.: Partonopeus de Blois, p. p. G Crapelet. Paris 1834. 2 Bde.

Perc.: Perceval, p. p Potvin. Mons 1871. 6 Bde.

Po.: Li Romanz de la Poire ed Stehlich. Halle 1881.

R. B.: Richars li Biaus, ed. W. Förster. Wien 1874.

R. v. B.: vgl. Chast

R. V.: Roman de la Violette, p. p. Fr. Michel Paris 1834.

S. B.: Salu d'Amours, vgl. J. B.

Tr.: Tristan, recueil etc p p. Fr. Michel. Londres 1835—39. 3 Bde.

V. R.: Messire Gauvain ou la Vengeance de Raguidel p. p. Hippeau. Paris 1862.

W.: Wistasse le Moine, ed. W. Förster und J. Trost. Halle 1891.

W. B.: Li Roman de Brut par Wace, p. p. Le Roux de Lincy. Rouen 1832. 2 Bde.

Über die alltäglichen Vorgänge des privaten Lebens ihrer Zeit geben uns die historischen mittelalterlichen Berichte, namentlich der älteren Periode, oft nicht den wünschenswerten Aufschluß. Sie halten eine Darstellung der Lebensgewohnheiten ihres Zeitalters im allgemeinen für überflüssig, da es doch Vorgänge waren, die sich Tag für Tag vor aller Augen abspielten. Den geschichtlichen Quellen treten für alle diese Fragen die dichterischen Erzeugnisse ergänzend zur Seite. Der mittelalterliche Dichter kleidet die Personen und Vorkommnisse seiner Dichtungen genau in das Gewand seiner Zeit. Auch in den für die vorliegende kleine Abhandlung in betracht kommenden Epen — den afrz. Artus- und Abenteuerromanen finden wir diese Thatsache in vollstem Umfange bestätigt. In erster Linie sind sie für die höfischen Kreise bestimmt,[1] zu einem Teil ist ihre Abfassung sogar von hochstehenden Personen veranlaßt worden.[2] Alles, was nicht höfisch ist, tritt deshalb in den Hintergrund und verfällt einiger Geringschätzung. Über das Leben der Bürger und Bauern gewährt uns das höfische Kunstepos somit nur recht spärliche Aufschlüsse: Andeutungen darüber erhalten wir nur gelegentlich und meist dann, wenn Glieder der ritterlichen Gesellschaft zu dem Volke in Beziehung treten. Die Geistlichkeit wird schon besser bedacht; ihrer Dienste konnte auch der Vornehmste und Höchststehende nicht entraten. Der Geistliche ist für ihn nicht nur der Seelsorger und der Berater in allen Dingen, in denen sein ewiges Heil in Frage kommt; auch in allen weltlichen Angelegenheiten nimmt er seine Erfahrung und Hilfe in Anspruch.[3] Brauchte er ärztlichen Rat oder rechtsgelehrten Beistand,[4] suchte er einen Erzieher und Lehrer für seine Kinder oder für sich selbst einen Schreiber und Sekretär,[5] so war

---

1. G. D. 5630: Bien le devroient en memoire Avoir et li roi et li conte. Cel prodome (den Helden der Dichtung) dont on le conte, Por avoir de bien tere envie — 2. vgl. Meyer p. 2. H. 6547: Li cuens Tiebauz, ou riens ne faut, Li fiz au bon conte Tiebaut Me fist ceste oevre rimoiier Par lui la fis, nel quier noiier Et par la contesse autresi, Marie, fille Loëi. H. 5—8 H. 6555,6. Vgl. Char I f. Bs 219-222. Ens 17'—74 Ens 183,4. Efle. 9059—80. Efle. 1624 f, Cléom 67 f. G. D 1—7 G. D. 24: Jl conte d'armes et d'amors Et chante d'ambedeus ensamble J G. 1—4, 24—6 (der Gemahlin Barbarossas, Biatrix, gewidmet) G. G. 6495: Bien dit Davit et bien trovat E la charçon bien asemblat . . 9: (Dame Custance) ad pur l'evesque doné Un marc d'argent ars e pesé. — 3. P. B. 4350: Mande l'evesque de Paris Qui moult est sages de sermon, Et moult seit bel dire raison. — 4. W. R. 8467—71: mires se fist. — G. P. 4785: Des ars fu bien endoctrinés, Maistres des ars et des decrés, Religiex mult et preudom. — 5. Tr I 121,2477: Primes manda le chapelain, Le brief

— 4 —

der Geistliche seine Hoffnung und einzige Zuflucht. Trotz vereinzelter Ausnahmen ist es nicht zu bezweifeln, daß Gelehrsamkeit und wissenschaftliches Studium im allgemeinen allein im geistlichen Stande zu finden waren.[6] Damit soll aber keineswegs behauptet werden, daß nun jeder Kleriker zugleich auch ein Gelehrter war. Ein großer Teil der Geistlichkeit ist sich seiner hohen kulturellen und religiösen Pflichten und Aufgaben wenig bewußt geblieben, seit aus den einfachen Seelenhirten allmählich mächtige Bischöfe und Kirchenfürsten, aus den elenden Einsiedler- und Mönchszellen reiche Klöster geworden waren. Wohlleben greift in kirchlichen Kreisen mehr und mehr um sich;[7] damit Hand in Hand geht das Streben nach Besitz, Reichtum und Landerwerb.[8] Andererseits macht sich (besonders in romanischen Ländern), mit dem beginnenden dreizehnten Jahrhundert eine Wendung zum Bessern in der geistigen Ausbildung der Laien bemerkbar. Dennoch stehen sich trotz aller sonstigen Ungleichheit Ritter und Bauern in dieser Beziehung unter einander näher als den Klerikern.

li tent qui en la main. Cil fraint la cire et lut le brief . . . 2513: Dan chapelain, lisiez le brief. M. B. 3083—3134 (der clerc lässt sich zur Fälschung eines Briefes verwenden). G. D. 838: fist apeler I clerc; si li fist aporter Encre, parchemin et l'afere Que il convient a letres fere. 875: Queque li clercs fist bien et bel Les letres teles a devise Com l'empereres li devise, Puis les fist en or saeler. G. D. 1916: Mis sire Guillames fet fere A un clerc de letres III paire — 6. W. B. 10484: Mult i avoit rice clergie, Et canoines de bone vie Qui savoient d'astronomie; Des estoiles s'entremetoient. — Esc. 339: li perieus est granz que ne soiez evesques par vo grant senz ou archevesques, car vos savez toutes les lois. (Ké verspottet Gavain.) Gal. 920,1 — Bezeichnend ist der Bedeutungswandel von clers (=clericus), das sehr oft den Sinn „Gelehrter" hat: Perc. 8910: I sages clers d'astrenomie. Dol. 12713: Li paien, ki bon clerc estoient Ens. 1504: Perc. VI 240,18. — Ebenso bedeutet la clergie häufig „Gelehrsamkeit": Dol. 2175: science et clergie. Cléom. 1479: Chascuns savoit mult de clergie. W. B 6464: Arcevesques mult eloquens Goncelins de mult grant clergie. Dol. 7116: ele sot tant de clergie, Des ars et de philosophie W. B 8497. Cléom. 1645: nigromancie Est moult merveilleuse clergie Vgl. er ist ein Laie (unerfahren) in diesen Dingen. — 7. Reiche Schenkungen an Kirche und Kloster: H. 2966 f; 6086—8; L. Fr. 64,272 f. Perc VI 188,3: Neporquant clerc et prestre font Tel chose que il ne devroient Et si sont moult luxurieus; Mais je ne veil pas reprendre. G. P. 3334—6. W 234: On li (=abbe) ot fait apparillier Assés a boire et a mangier Car de porc et car de mouton Aues sauvages, venison. W. 1286: le prestre Qui riches fu et aaisiés. Perc. 34954: Onques prophetes ne devins A nul jor de si bon (vin) ne burent — Gal. 3846: Nuls n'y fait euvre qui Dieu plaise, Chascune se rent pour vivre aise B. M. 1985: . . . franche voulenté d ame amer l'atraie, Soit abesse, ou nonain, ou une dame laie. R. V 502—12. — 8. Perc. 26783: Ceus ki sermonent por deniers Et as glises. Bs. 131: Ci prelat plus haut ordenei Ont si lor ordre bestorné Qu'il font ore tout a contraire Ce ke li bon soloient faire. 9: Mais li novel tendent en

Ein fernerer Grund, daß dieser Stand mehr hervortritt, ist der, daß seine Angehörigen sehr oft den vornehmsten Ständen entstammten.[9] Schon aus diesem Umstande neigen sie häufig zu weltlicher Pracht und fürstlichem Glanz. Auch in ihrer Eigenschaft als mächtige Landesherren werden sie auf ein ritterliches Leben hingelenkt. In dieser Eigenschaft gehören sie auch, gleich den weltlichen Lehnsmannen und Würdenträgern, zu den Mitgliedern der großen[10] Reichsversammlungen, und überhaupt zu der vornehmen Hofgesellschaft.[11] So sind die Vertreter der hohen Geistlichkeit in ihren Gewohnheiten und Neigungen oft nichts anderes als weltliche Herren und Fürsten in geistlichem Gewande. Sie gehen auf die Jagd, nehmen an Kriegszügen teil und benehmen sich ganz so wie die Ritter jener Tage.[12]

Abgesehen aber von dieser mehr gelegentlichen Erwähnung von Verhältnissen und Gebräuchen in nicht ritterlichen Kreisen, ist es ausschließlich die höfische Gesellschaft, über deren Sitten und Lebensverhältnisse wir in unseren Dichtungen ein einigermaßen ergiebiges Material finden. In ihnen spiegelt sich das ritterlich-höfische Leben im m.-a Frankreich im allgemeinen genau der Wirklichkeit entsprechend wieder. Namen, Länder und Zeiten ändern an der Sache nicht das Geringste. Die Helden und

bas; Ors et argens est lor solas Au biens terriens beent tant Et as sovrains ne tant ne quant ff. Ens 103: Tant ont acheté et vandu Que mout sont riche devenu Ens 79: Cil prelat plus haut ordoné Ont tot lor ordre bestorné 88: Ors et argenz est lor solaz. Es biens terriens beent tant. 95: Qui plus puet d'avoir amasser Et frans homes desserieter, Povre genz rainbre et dechacier, Sil se vuet plus faire prisier In bezug auf Ackerbau und Landwirtschaft werden manche Klöster als Vorbilder hingestellt: Perc. 2475': Moult a biele tière trovée De toutes pars bien ahanée De fourmens, d'avaine cargie, Come couture d'abeïe De Cistiaus et de Clèrevaus. — Gal. 815 f. 838: Ou val, sur la riviere gente Ot bel une abbaye assise Gal. 840 f. L Fr. 59,151: En la vile out une abeïe durement riche e bien guarnïe — 9. Gal. 937: l'abbaesse Qui veoir aloit la contesse De Bretaigne Ydein sa seror. — Perc. 25884. W. B. 6642: Faites roi del moine Constant; Drois oirs est. Die Grafen von Vienne: J. G. 6): Apostoles ont esté de Rome, Si ont este empereur et roi u. s. w. — 10. W. B 8168: Sa gent manda et tint concile: Ses barons, ses clers, ses abés Et ses evesques a mandés. W. B. 8137: Eldadu li bons ordenés Parla avant comme senés. 8047—54. M. B. 630: A la requeste du barnage Et des prelas. W. B. 10700: Manda barons, manda casés, Manda evesques et abés. F. P. I 2759. — 11. Ch. Esp. 128: . . . on ne laist laiens seoir Pour mangier nului, tant soit fiers, Fors seulement les chevaliers Et les haus clers. L. L. 43. P. B. 9469. D. G. 15323: Hauz evesques et hauz abés Et hautes persones asses. D. G. 4411: Asses i ot clers . . . Acesmans et nes et cortois. — 12. M. Br. 1339: Li rois, funt il, a defendu Que il n'i ait si haut tendu Ki voist pur berser en sa lande, S'il primes cungie n'en demande. G. G. 5457: . . . l'esvesque Ailwine E Siwerd Barn en la marine Murent de Escoce od novels esneches (Kriegszug). — Doch

Heldinnen der griechischen und römischen, der byzantinischen und bretonischen Sagenkreise sind in ihrer Kleidung und Bewaffnung, in ihren Handlungen, Reden und Anschauungen nichts als getreue, vielleicht etwas idealisierte Nachbildungen der Ritter und vornehmen Frauen jener Tage.

Im folgenden soll nun versucht werden, alle Angaben, die uns die höfische Kunstepik über Jugenderziehung und Schulunterricht macht, zu einer einheitlichen Darstellung zusammenzufassen. Ich betone hier noch einmal, daß das Rittertum für die dem Leben entfremdete m.-a. Gelehrsamkeit wenig Verständnis zeigt und ihm wissenschaftliche Studien ziemlich fern liegen. Wenn die Dichter trotzdem ihren Helden, besonders häufig aber die Heldin, als höchst gelehrt hinstellen, so dürfen wir darin nicht die Regel erblicken — im Gegenteil, es sind Ausnahmen, die die Regel bestätigen. Eine der bekanntesten möge hier genannt werden: Die Herzogin Hadwig von Schwaben, die Herrin auf dem Hohen Twiel. Verschiedene Gründe mochten den Dichter hierzu veranlassen; sein Held ist das Muster aller Vollkommenheit, deshalb darf er auch in den Wissenschaften nicht unerfahren sein. Einen ferneren Anlaß gab vielleicht des Dichters Eitelkeit; in Anknüpfung an eine solche Schilderung seiner Personen konnte er zeigen, was er selbst gelernt hatte, indem er in seine Verse eine Menge gelehrter Bezeichnungen und Namen einzuflechten Gelegenheit hatte.

Nach diesen Vorbemerkungen gehe ich dazu über, eine Darstellung der m.-a. Jugenderziehung in den vornehmen Kreisen zu geben, soweit dies an der Hand des afrz. höfischen Kunstepos möglich ist. Diese Darstellung dürfte in der Hauptsache auch für deutsche Verhältnisse zutreffend sein, denn das Rittertum zeigt für die verschiedenen Länder in seinen Einrichtungen und Gewohnheiten ähnliche Übereinstimmung wie dies für den geistlichen Stand gilt; beide haben ein internationales Gepräge.

Das Kind verbringt die ersten Lebensjahre im elterlichen Hause unter der Obhut und sorgsamen Pflege von Frauen. Falls die Mutter es nicht selbst nähren kann oder will, erhält es sogleich nach der Geburt seine Amme und eine oder mehrere Wärterinnen, die es baden, herumtragen und ihm ein weiches Lager in der Wiege bereiten.[13] Eine Hauptsorge ist es, das Kind möglichst bald taufen zu lassen.[14] Das Säuglingsalter rechnet man bis ins

---

Gal. 5969: Si tu ne veulx ressembler prestre Ou hermite qui hait estour. — 13. Meyer 732—738, Müller 340—342. F. L. 730: Mar te norri, mar t'alaitai sagt die Mutter. H. 241: le berçuel ou il (H) gisoit. H. 259: Nourir le fait mout richement. F. L. 180: il (die E.tern) ne voudrent onques sosfrir C'on l'eust (die Tochter) a norrice doné. Mais en lor chambre par chierté Li firent norices venir Sel garderent par grant desir. Guillaume Efle 1788: III norrices ont fait entendre A lui norrir, qui ne font el, Et se sont dames de l'ostel. L'une l'alaite de son lait, L'autre ne sueffre re ne lait, Ki face son berc s'ele non.

— 7 —

dritte Jahr.[15] Doch auch nach dieser Zeit, etwa bis ins siebente Jahr, verbleibt der Knabe noch unter weiblicher Obhut, obgleich Frauenerziehung gerade nicht besonders hochgeschätzt wurde. Bis zu diesem Zeitpunkt durfte er auch nicht an den elterlichen Mahlzeiten teilnehmen.[16] Die Dienstmannen bringen dem Kinde ihres Gebieters natürlich schon sehr bald das regste Interesse entgegen.[17]

Im übrigen wachsen die Knaben ziemlich frei und ungebunden heran und spielen mit den Altersgenossen draußen in Wald und Feld. Eine beliebte Vergnügungsart für sie ist es, Blumen zu pflücken und Kränze zu winden.[18]

Das Verhältnis zwischen Eltern und Kindern ist ein sehr inniges, die Eltern lieben ihre Kinder mehr als alles sonst in der Welt[19] und diese sind natürlich immer besser und schöner als andere.[20] Im Falle einer Erkrankung ist ihre Sorge unaussprechlich, stirbt das Kind, so will auch die Mutter nicht weiter leben.[21] Dem Wohle des Lieblings gelten ihre frommen Gebete.[22]

L'autre le porte par maison, Si le couche et si le baigne. — 14. H. 273: Al tierz jour qu'il fu baptisiez. Efle. 1758: Quant il fu nés, on fist lués querre Les parins et l'oile et le cresme Et l evesque qui baptesme. Grant joie ot a .' enfant lever. Li parin l'ont fait apeler. Müller 389 f. — 15. G. 3 Jahre alt: Efle 1802: Et quant il fu raisons et tans C'on le dut sevrer, on le soivre. A mout grant anui s'en dessoivre La norrice pui l'a!aitoit. Perc. 1651: Petis esti s et a!aitans Poi avïes plus de II ans. — 16. Müller 316. — Meyer 736. — Dol. 1174: Coustume iert anciennement S'uns gentis homs I fil éust Ou I rois, jà nel' reméust Devant VII ans de sa norrice Por mal le tenist et por vice Que devant VII ans le véist A table ou ses pères séist. — 17. Efle 1806: Cascuns des chevaliers estoit Garis qu'il pooit, comporter (den kleinen Guill.) — 18. Char. 1614: Li autre qui iluec (Wiese) estoient Redemenoient lor anfances. Guillaume et Ae is vont Efle. 2095: Deduisant parmi le vergier . . . 7 Il s'entredechacent et boutent. Efle 4332: Des flors qu'il truevent li fait tel Chapelet. G. P. 83: L'enfes floretes va cuellant; De l'une a l'autre va jouant. faire capiaus (Kränze winden.) Perc. 19469: Defors la ville el grant cemin, S' ert alés jusr hui matin Od les enfans si com soloit. vgl. Walther von der Vogelweide ed Willmanns 1883² p. 201: saehe ich die megde an der strâze den bal werfen und Anm. dazu. — 19. Efle. 3816: je n'ai nule riens tant chier Conme ton cors (Tochter) mout avenant. Douce mere, a Dieu vos conmant. Efle 3770: B!aus dous fix, jamais que je sace Ne cuit veoir riens que j'aim tant Com je tais toi. — H. 1920: il l'a chier et aime autant Com fait li pere sen enfant. Efle. 1886: La riens que la dame ot p!us chier Fist les li couchier en son lit. Mout perdera de son delit Quant li enfes en iert alés (an den kaiserl. Hof) E E. 541: Quant je ai delez moi ma fi le Tot le mont ne pris une bille. f. H. 304: il (ton pere) t'ama mout tendrement: — Doch: H. 382: Coustume estoit en icel tens Qui enfant avoit, sel vendist. — 20. Die Mutter Efle 1858: je l'aim plus que nule rien (den Sohn) K'il n'est riens plus bele de lui . . . 62: C'est m'esperance, c'est ma joie, C'est mes jouiaus, c'est mes soulas. — 21. Schreck der Mutter über die schwere Erkrankung des Sohnes: H. 4157: om cuida bien qu'ele mourust f. F. L. 677: Trop des-

— 8 —

Bleibt ein Kind ohne Geschwister, so ist es den Eltern nur um so teurer.[23] Die Kinder ihrerseits sind den Eltern nicht weniger zugethan.[24] Die beiderseitige Liebe kommt beim Abschied und beim Wiedersehen zu besonders lebhaftem Durchbruch: unter Küssen und heißen Thränen trennt man sich,[25] nachdem man für den Scheidenden alle erdenkliche Fürsorge getroffen hat.[26]

Den Eltern schuldet das Kind Ehrerbietung und Gehorsam.[27] Schon in der Anrede spricht sich die gebührende Unterordnung aus.[29] Unarten und Ungehorsam werden durch tadelnde Worte oder durch Schläge geahndet.[30] Um den Übelthäter vom Bösen

loiaul mere seroie, Beaux fiz, s'après ta mort vivroie. 700: ... je m'ocirrai. — 22. G. D. 1139: Que Dex me doint joie et leece Et de moi et de mes enfanz! Ce li sui ge (Mutter) toz jors proianz. G. D. 1921—4. — 23. F. L. 177: Porce que plus d'anfant ne orent Tot au plus tandremant qu'il porent La firent garder et norrir. — 24 G. schickt aus der Ferne Geschenke und Geld an die Mutter. H. 305: Et jou si aim l'ame me pere Tant com le moie, douce mere. Die Mutter ist Bs. 3714: La premiere est conques m'ama sagt B. 3820,1; 3828,9. Du sollst sie ehren, denn sie hat Dir viel Gutes gethan: Eus. 335: En vos si tandrement norrir, souef garder et conjoïr — 25. H. 574: Al departir ot dueil mout grant: Li mere pleure et li fiz pleure. Müller 330. — Abschied G. D. 1273: Il i ot ploré maintes larmes. 86: mout i a lessiée Sa mere et sa seror dolente. G. D. 4061: Au matinet quant ele mut, I ot mout besié et ploré f. — Efle. 5318: Mout grant duel a al congié prendre Si conme de fille et de mere. Efle 8688: Les meres p'eurent qui convoient Lor filles que le dame (Aelis) enmaine (nach Rom als ihre Hofdamen.) 8734: Mout par fu grans li deus des peres Pour lor fix que li quens enmaine. (Der Sohn soll an den kaiserlichen Hof) Efle. 1916: La dame fu près de pasmer. Efle. 1954: meismes li peres i cort; De baisier ne se pot tenir (beim Wiedersehen des Sohnes). — 26 Efle. 1896: La mere entre ses bras le (das Kind) prent Si l'estraint et acole et baise. Porce qu'il siece plus a aise Li fait ele en sa sele metre ... 1901: I oreillier de plume mole. Que qu'ele le baise et acole L'iave del cuer li sort del vis. Ele meïsme l'a assis Sor la sele mout belement. — 27. Cléom. 15095: Car cil qui honneure sa mere Et qui obeïst à son père Fait Dieu honneur et lui aussi. 15101 f. 1757 f. D. G. 447: Devant le roi s'engenoilla (der Sohn), Cortoisement le salua. — D. G. 757,8. F. F. 5549—51. — 29. Anrede Bs. 411—30 Sohn zur Mutter vos. Mutter zum Sohn 431—67: tu. Mutter G. D. 4067: ton cors, Tochter 63: Bele mere, Dex vos i vaille Müller 263—7; 286,7. Efle 4986: Fille, qu'en dis tu? H. 307: Fiz .. Se tu l'aimes de bone amour. H. 299: Fiz, dist li mere, je te voi Desconforté. H. 397; 5337. Kind zu den Eltern: H. 309: Vous le verez. H. 422 H 5345: Biaus sire, a vostre plaisir soit. — 30. H 3916: Car feme et enfant font souvent Le chose qu'om plus lour defent. I. G. 5255: Feme a le loi l'enfant qui pleure: Ce k'avoir puet, n'aime I meure, Ains veut içou qu'estre ne puet. — Char. 1770: T'estovra feire tot mon buen Car tu an seraz audesoz sagt der Vater. — A. N. 10,41: Biax fix! fait li pere. Tes enfances devés vos faire, nïent baer a folie! Char. 1739: Biax filz .. Tant te fies an ta vertu. Oct. 1243: Pere, dist il, ore m'entendes: Mes pere(s) estes, si me batres

abzuhalten, wird er auch wohl eingesperrt.[31] Bei Streitigkeiten unter den Geschwistern wird die Entscheidung des Vaters angerufen.[32] Im allgemeinen ist die Zucht im elterlichen Hause wohl eine ziemlich strenge.[33] Ermahnungen und Belehrungen leiht das Kind auch in späteren Jahren ein williges Ohr.[34] Seine berechtigten Wünsche finden natürlich Berücksichtigung.[35] Der Waisen nehmen sich mitleidige Verwandte an.[36]

Für den zukünftigen Ritter ist es die Hauptsache, daß er in allen ritterlichen und höfischen Künsten und Fertigkeiten tüchtig sei.[37] Daß der Held, das Muster aller Vollkommenheit, weder lesen noch schreiben kann und sich seine Briefe von andern schreiben und vorlesen lassen muß, wird dagegen kaum als Mangel empfunden.[38] Die Ausbildung ist somit allerdings eine recht einseitige und hat in der Folge auch zu einer schnellen Verrohung in der höfischen Gesellschaft geführt. Immerhin wäre es ein falscher Schluß zu wähnen, daß nur Kampftüchtigkeit, körperliche Gewandtheit und sonstige rein äußerliche Fertigkeiten den tüchtigen Ritter auszeichnen. Ehrenhaftigkeit, gesunder Menschenverstand und die Fähigkeit, sich in der Rede schön und treffend auszudrücken,

Totes les fois que vos voldrez (sagt der Sohn). — 31. Char. 1776: Jel' feroie lier Einz que conbatre le lessasse. A. N. 11,5: en une prison l'a mis, en un celier sosterin (der Vater). — 32. Perc 6715: A vous (Vater) clamer me sui venue De ma seror ki m'a batue . . Perc. 6822: ses treces li avés traites Et batue, dont moult me poise, N' avés mie fait que cortoise (sagt der Vater zur älteren Schwester). — 33. A P. 3792: Mais ele n'a le contredire, Car son pere l'a commandé. Efle 3078: Bele Aelis n'ose duel faire Por son pere qu'il ne le hace. Die Florete, die sich hat entführen lassen, beim Anblick des Vaters: F. F. 5572: . . . si mua coulor Por ce que sanz s'iert donée Et sanz son conseil mariée — 34. Bs. 431 f. 503: Ensi la mere doucement Enseigne son fil et aprent . . . . 507: il li (der Mutter) est mout plus sougis Que ne fust uns enfes petis. Dedens son cuer met en escrit Tout ce ke la mere li dit. — 35. F. L. 306: ne la (Tochter) vot mie doner (verheiraten) Li peres sanz sa volonté. (Meist wird allerdings gerade bei Verheiratung der Töchter wenig Rücksicht auf deren Wünsche genommen. — 36. H. 2592: Un senateur ot ja a pere; Morz estoit, et morte se mere. S' ante l'avoit en mainburnie. Li meschinete ert embarnie, Aussi com enfes de dis anz. li ante H. 2621: Qui le paissoit, qui le vestoit S'escrie: Niece, qui te chace? H. 2766: Nourir cuidai une orfenine (sagt die ante). — 37. Es. 2805: Car li vasaus est de s'enfance De prouesse duis et apris Et mout convoite d'armes pris. — Müller 356—9, 333—6. G. D. 54: De deduit d'oiseax et de bois Ne savoit nus hom avant lui. — 38. Perc. 33957: Mais Pierchevaus, ne savoit lire. L. C. 186: . . moun chapelain; Ces lettres me lirra: Sauer ueil quil i a. G. P. 8450: Et fait un clerc les letres lire. Dol. 519. G. P. 8450: Et fait un clerc les letres lire. Li clers le parchemin desploie . . G. P. 7396—8. M. Br. 484—6 (un clers). V. R. 174: Apelés moi mon capelain . . . 7: Dites nos tost que ces briés dist. P. B. 2729. L. A. 282: Li hauz hom a fet demander Son clerc por le salu escrire. C. C. 7620—2. — Müller 370; 376,7. — G. D. 1013: Un siens chevaliers qui porvit La letre, si li a leüe (G.) Bs. 379: S' autres

werden häufig an unsern Helden wie Heldinnen rühmend hervorgehoben.³⁹ Doch auch Wissen und Gelehrsamkeit wurden nicht minder gepriesen.⁴⁰ So muß neben der eigentlichen höfisch-ritterlichen Ausbildung vielfach auch ein wirklich „wissenschaftlicher" Unterricht stattgefunden haben.

Die Jugend ist die Zeit des Lernens.⁴¹ Der Beginn der Unterweisung in den elementaren Fächern des Lesens und Schreibens wird verschieden angesetzt; er fällt ins vierte, fünfte oder siebente Jahr.⁴² An den zahlreichen Adelssitzen ist es wohl meist der Schloßgeistliche (und Privatsekretär seines Herrn und Gebieters), der diesen Teil der Erziehung leitet. Gewöhnlich wird er mit „maistre" bezeichnet und angeredet. Über seine Person erfahren wir sonst wenig, ein Zeichen, daß er als solcher eine recht untergeordnete Stellung einnahm.⁴³ „Maistre" heißt auch derjenige, der den jungen Herrensohn in der Handhabung der Waffen, der Weidmannskunst, allen höfischen Spielen und andern ritterlichen Fertigkeiten unterweist und der wohl meist selbst ein Ritter, zuweilen auch ein Verwandter seines Zöglings ist.⁴⁴ Doch auch der geist-

n'est ki la saiche lire, Bien seit chascuns la soie dire. L. H. 843: Ses chapeleins fet demander, Ses briefs escrivre et enseeler. — 39. Clar. 19146: Car sanz proece, c'est la some, Ne doit on chevalier amer, S'il ne set bon conseil donner, Ou au mains maintenir largece. D. G. 117: Sages estoit et envoisies Et cortois et bien enseignies Et bealz parliers et clerveans. Cléom. 6150: onques [mais] veü n'avoient Roi ne prince, en tout leur vivant, Si courtois ne si biau parlant Bs. 4400: Si vaut autant sa cortesie Bien près com sa chevalerie. G. D. 718: Tant ert plaine de cortoisie Et de sens o la grant beauté. G. G. D. 1745. savoit mout bien reson rendre A ceuz a qui devoit parler. G. D. 3003: vostre suer a Plus sens que nule damoisele. Bs. 232: En lui sont tuit bien herbegié: Honors, cortesie, largesce, Hardimens, savoirs et proesce. F. L. 169: Molt fut la dame prouz et saige, De grant sans et de grant paraige. Char. 36—40: (Bien parlant an lengue francoise). — 40. Dol. 2175: Moult petit vaut rois sanz science Et clergie. Perc. 9453: Le trovai si bien afaitié, Si bien parlant et ensengnie. E. E. 537: Mout est bele, mes miauz assez Vaut ses savoirs que sa biautez. — 41. M. B. 3208: Il savoit bien lire Rommans, En sa jovnece l'eust apris Car son maistre ot o lui tous dis, Qui tant l'aprist qu'il seut escrire Et le Romans et Latin lire. Bs. 429: Folz est et sovent se repent Qui tant com est jones n'aprent. Bartsch, Chrest. fr.⁴ p. 316: qu' aprend poulain en denteüre tenir le veult tant com il dure. — 42. Perc. 12512: Quant vit qu' il ot IV ans passés, Si le mist on a letre aprendre. H. 243: om mesist cel enfant a letre Quant eure et tens seroit del metre. 260: Quant il a cinc anz plainement Mis est as letres li petiz. F. F. 755: A I mestre le commanda ... 766: Dedens VIII anz fu bien apris; Or en ot XV, ce m'est vis. — 43. Perc. 9554: ... li sages mestre Le petit enfant adoctrine. — 44. F. F. 758: Après des tables li aprent (der mestre) Et des eschés tout ensement Comment on doit son jeu garder Et son aversaire mater. De chiens, d'oisiaus et de riviere Li aprist toute la maniere;

liche Erzieher zeigt sich häufig sehr bewandert in allen ritterlichen Künsten (vergl. 9—12).[45] So ist es meist unmöglich, den Stand des „maistre" genauer zu bestimmen Zuweilen werden für den Unterricht auch wohl besondere Lehrer angenommen worden sein.[46] Ähnlich wie der Knabe unter der ständigen Obhut seines „maistre" steht, hat auch das Mädchen einen Erzieher in der „maistresse."[47] Knaben und Mädchen erhalten häufig eine gemeinsame Erziehung und gemeinschaftlichen Schulunterricht. (Die Liebespaare in F. B., Gal., Efle.).[48] Die Verschiedenheit im Geschlecht der Zöglinge bedingt keinesfalls auch eine Verschiedenheit der Lehrfächer,[49] nur das eine läßt sich vielleicht feststellen, daß sich die Frauen besser unterrichtet zeigen.

Vielfach erhalten die Kinder, Knaben sowohl wie Mädchen, in einer Schule ihre geistige Ausbildung.[50] Zuweilen schickt man sie sogar weit fort zu angesehenen Lehrern, damit sie deren Unterricht genießen; so gehören zu den Schülern des im Ma. als

Toute riens qu'apent à franc home. Müller 347. Efle. 1930: De par sa mere le (den Vater) salue Que ses maistres li ot apris. — 45. Gal. 1175: Galerens aprint d'autre part, Par le conseil Lohier son maistre (chapelain 948) Comment l'en doit ung oyseau pestre . . 86: Si sot d'arbaleste traire, Et sot moult bien ung boujon faire. Gal. 1067: . . . li chapellains Qui n'est esbahy ne vilains Gal 922: N'estoit de li meilleur eslire Pour conseillier un desvoié . . . . 6: Si s'en savoit bien entremectre De trover layz et nouviaux chans. Moult fu de biaux deduiz trouvans Et en françoys et en latin . . . . 932: Il savoit toute la maniere De herpe, d'autres instrumens. Si savoit tous les jugemens D'eschiés, de tables, d'autres jeuz. Haux bons estoit. Bl. 33: De premiers fu à letre mis . . . 37: Après si le fist enseignier Li rois à l sien latimier. Li latimiers par fu tant sages Que bien l'aprist de tos langages, D'eskés, des tables et des dés, De tout çou fu bien escolés. (Anrede: maistre: 68, 77, 85). — 46. Dol. 1249: . . . un philosophe li (Sohn) quéist Qui les VII ars li apréist. P. B. 4577: Maistres oi (die Kaisertochter) du grant essient Par foies bien plus d'un cent. Müller 351. F. B. I 195—201. — 47 Efle. 1893: . . son mestre: Sans celui ne pooit il estre, K'il l'entroduit et si l'aprent (begleitet ihn auch an denHof). M. B. 3210: Car son maistre ot o lui tous dis. Efle. 1986: La damoisele ne laist mie Por sa maistre ne por sa mere Que ne l'apiaut ami ou frere (den Guill., der mit ihr erzogen wird). Efle. 5683: la maistre qui vos aprist. Müller 387; Meyer 732; 737—743. (G. P. 43—6: der kleine Knabe von Frauen unterrichtet). — 48. Efle. 7502: jou fui V ans En la cambre l' emperei̇s O ma damoisiele norris. — 49. Die Schwester spielt in den Kleidern ihres Zwillingsbruders Knappenrolle, ohne erkannt zu werden, nur F. L. 1170: Li chevachiers mult li grevai. — Enide, die Tochter eines armen vavassor: E. E 463: Mout bien et bel s'an antremet. El chief un chevoistre li (cheval) met, Bien le torche, estrille et conroie, A la mangeoire le loie. — 50. Gal. 1725: Des que j'estoie moult petiz Apris m'avez tant d'un et d'el, Et en escolle et en oustel. Gal. 1278: maistre ne clerc d'escolle. Perc. 27208: . . . mien ensient esté avés moult a l'escole Et aprise mainte parole. Esc. 5531 ou fustes vouz, dame a l'escole pour aprendre si a

Zauberer berühmten Virgil die Söhne vieler vornehmen Barone.⁵¹ Auch hohe Geistliche und selbst der Papst werden als Erzieher der Jugend genannt, denen man von weither Zöglinge zusendet.⁵² Ferner vertraut man die Erziehung der Kinder dem Kloster an.⁵³ Leider erfahren wir in unsern Epen nicht das Geringste über diese an Kirche und Kloster angeschlossenen Schulen, die einzigen, nachdem den römisch-heidnischen Rhetorenschulen, einst der Ruhm Galliens, in dem neuen germanischen und bald christlichen Frankenstaat die Vorbedingungen für eine gedeihliche Weiterentwicklung entzogen waren und nachdem Karls des Großen wohlmeinende Pläne und Bestrebungen, einen wirklichen Laienunterricht einzurichten oder wenigstens anzubahnen, so schnell wieder fallen gelassen worden waren. Alle diese geistlichen Schulen haben den Hauptzweck, wieder Geistliche heranzubilden. Der in ihnen herrschende mönchische, dem Leben entfremdete Zug sagt der lebensfrohen, höfischen Gesellschaft wenig zu. Die Schulzucht ist eine strenge; Stock und Rute spielen eine große Rolle in der Erziehungskunst, über deren Aufgaben man sich im übrigen wenig Kopfzerbrechen macht.⁵⁴ Das Leben und Treiben in der häufig bestehenden sog. schola exterior, an deren Unterricht vornehme und befähigte Jünglinge, auch wenn sie sich nicht dem geistlichen Stande widmen wollten, teilnehmen können, ist jedenfalls freier und ungebundener (vgl. die Schilderung in Scheffels Ekkehard).

Für seinen Lehrer hegt der Schüler das Gefühl der Liebe und Dankbarkeit. Ersterer erhält für seine Bemühungen ent-

mesdire. Bs 1508: Car nuns maistres lisans d'escole N'est si saiges de sa parole Qançois li jors ne li fausist. Que sa biauté bien descrisist. Die Redensart: metre a escole F. L 1695. — F. B. II 264: Des que il vinrent en aage ... 6: En l'escole velt (l')envoier ... 9: A un bon mestre le charja; Molt fu bon clers. Dol. 7106: Par le comandement dou pere Aloit la pucele à escolle. F. B. I, 363: Aprendre (den Floire) l'en-maine Sebile O les puceles de la vile, Savoir se il l' oubliëroit Et en l'escole autre ameroit. — 51. Dol 1324: Li enfant (auch Dolopathos) de maint haut baron Devant lui (Virgil) à terre séoient, Qui ses paroles entendoient, Et chascun son livre tenoit Einsi comme il les enseignoit. (Virgil berühmt als Zauberer: Cléom. 1649 f. M. Br. 2704, 3367). — 52. W. B. 10110: A Rome (zum Pabst 10100—4) l'ot fait envoier Ses pères por lui enseigner. W. B. 6599: Li archevesques Guincelins Ot en garde ces deux mescins. — 53. L Fr. 63,237: Desqu'ele pot raisun entendre l'abeesse l'a faite aprendre. Gal. — 54 Clar. 7721: La loy avez de l'enfançon, Quant li mestres por sa leçon L'a batu, (et souvent avient), Et l'enfes a l'ostel revient, Lors le menace. ... 32: Ainz ne vous poïstes defendre (daher rät der Seneschal zum Rückzug), Ainz vous covint desoz els estre Come li clers desoz son mestre. Gal. 1681: L'escolle ne vous est pas somme Vous ne doubtez mes, qu'on vous bate. F. B. II 309: Maistre, ge sui livrez à toi. Doch: H. 266: Ne se fait laidengier ne batre (H. ist ein so guter Schüler). Walther von der Vogelweide: Nieman kan mit gerten kindes zuht beherten.. Gal. 1138: Et (die Liebe) en cuer fait venir et nestre Ce qui n'i ven-

sprechenden Lohn.⁵⁵ Die Dauer des Schulunterrichts wird verschieden angegeben; ein gut beanlagter Schüler kommt natürlich in kürzerer Zeit zum Ziele als ein unbefähigter.⁵⁶

Das Lesen erlernen die Kinder an heidnischen, d. h., lateinischen Schriften; ob sie Verständnis für das, was sie lesen, haben, kommt wenig in Betracht.⁵⁷ Das Schreiben wird im Anfang mit Metallgriffeln und auf Wachstäfelchen geübt; später schreibt man mit Feder und Tinte auf Pergament.⁵⁸ Viele unserer Helden, namentlich aber die Damen, sind in der Fertigkeit des Lesens und Schreibens erfahren; sie sind im stande, sich mit dem Inhalt der Briefe, die sie empfangen, ohne Beihülfe Fremder bekannt zu machen und solche selbst abzufassen.⁵⁹ Die Frauen erbauen sich auch häufig, sowohl zu Hause wie in der Kirche, an

droit pour nul maistre, Tant le seust doctriner bien. A. Y. 103—112; Esc. 5142, 11812; D. G. 8835 L. ln. 56,21. C. C. 3929. — 55. Gal. macht den maistre zu seinem Vertrauten, fügt aber hinzu: Gal. 1722: Maistre doit ressembler le prestre En celer, s'il ne veut faulx estre; Le conseil de son aprentiz. 1728: amer vous doy sur toute rien, Et atendre en povez grant bien Si je vivre puis en avant. — F. B. II, 293: Li rois me fait apareillier Au mestre et paier son loier Dol. 1290: Moult riches dons et grant avoir Et son fil envoie [à] Virgile. — 56. F. F 766: Dedens VIII anz fu bien apris; Or en ot XV, ce m'est vis. F. B I, 261: En seul cinq ans et quinze dis Furent andoi si bien apris, Que bien sorent parler latin Et bien escrivre en parchemin . . . H. 262: Mais ainc ne fu teus aprentiz: Sen mestre al chief de l'an reprent; Mout est senez, car il aprent Plus en un an qu'autres en quatre. — 57. F. B. I 233: Ensamble lisent et aprendent; A la joie d'amor entendent. Livres lisoient paienors, Ou ooient parler d'amors Meist wurden aber wohl religiöse Schriften dem Leseunterricht zu Grunde gelegt Dol. 11978: A cel tans furent li joiant De coi les fables sont escrites Qui en ces escoles sont dites R v. B. II 132, 272: Car si com li petis clerçons List sa leçon et pas n'entent Au comencier ce qu' il aprent. — 58. F B. I 251: Et quant a l'escole venoient Lor tables d'yvoire prenoient. Adont lor veïssiez escrire Letres et vers d'amors en cire. Lor graffes sont d'or et d'argent Dont il escrivent soutiument. 261: En seul cinq ans et quinze dis Furent andoi si bien apris Que bien sorent parler latin Et bien escrivre en parchemin. L. Fr. 161, 254 : ele on enke e parchemin. — escrire en parchemin: I. G. 3866; 5576. Bs. 382. R. v. B. III 94,470. — 59 H. 250: l'enfes fust si apris Qu' il le seust espondre et lire (den brief). Gal. 7216: Bien sçay lire et bien embriever. Cléom. 15382: Li uns après l'autre lisoit Cele lettre (Hofleute). F F. 2520: Lors les desploie, si les list En haut, que tuit l'ont entendu. Perc. 20950,t (Artus). F. F. 2827: Et li emperere la (scl. chartre) prist, Si la desploie, si la list. Cléom. 15076 Cléom 15370: . . . Lors a brisié Li rois le seël, et leü A le brief Müller 378 J. G. 2011: Li empere es se gisoit Sor une chouce, (Lager, couche), si lisoit Por soi deporter en I brief. — Paridès le valet H. 4476: Tout l'a leü de chief en chief (den Brief). Gal. 3135: Ce qu'elle y voit enmi escript Congnoist elle bien et scet lire, Qu'elle scet diter et escripre. Bl. 3010: Puis a la cartre desploié Et le quarignon desploia; Bien reconnut çou qu'il

der Lektüre ihres oft prächtigen Gebetbuches.[60] Doch nicht allein religiöse Schriften, sondern auch Liebesromane und andere Bücher weltlichen Charakters lesen sie eifrig in ihren Mußestunden, entweder für sich allein oder vor Zuhörern.[61] Überhaupt zeigen die höfischen Kreise ein außerordentlich lebhaftes Interesse für die Werke der Dichter und litterarische Bestrebungen (vgl. Anhang p. 26).

Zu dem Unterricht der vornehmen und edlen Jugend gehören auch Gesang, Saitenspiel und die Kunst der dichterischen Rede. Das „Singen und Sagen" ist eine Kunst, die nicht nur an dem, der sie gewerbsmäßig ausübt, geschätzt wird.[62] Die Ritter und Damen sind in ihr gleichmäßig erfahren und er-

i a. Cléom 14875: Lors veïssiez letres escrire Et en parchemin et en cire. Der Herrscher gerühmt F. L. 125: Por unes letres bien ditier 7: por bien escrire Et en perchemin et en cire. H. 4403: (li dame) Prent pene et enque et parchemin . . . 5 Nul autre escrivain n'i apele. 7: Si escrit sen comandement; Ploie le brief et puis le lie. L. Fr. 161,254: . . . ele ot enke e parchemin Un brief escrist tel cum li plot od un anel le seelot. G. P. 9540 f. A. Y. 7720—3 — 60. Ch. L. 1416: Et list en I sautier ses saumes, Anluminé a letres d'or. L. Fr. 125,62: En une altre chambre s'en vet; en sa main portot sun psaltier, u ele voleit verseillier. M. B. 2437: son sautier lisoit. Gal. 3879—81; 4305. Gal. 3759: Chascun jour list Fresne un saultier Qu'a sauveté puit venir s'ame M. B. 2437. J. G. 5654: la none (Galeron) son sautier lise En l'abeïe et en l'eglise. Nib. Klage 1840: Uote diu vrowe hêre ze Lôrse in ir hûse was dâ se venjete unde las an ir salter alle ir tagezît. Chast. 433: Vostre sautier lire provez En seant, se vos le savez, (in der Kirche). — 61. H. 4265: Un livre tient, et si i lit (Kaiserin). Bs. 3764: Et la roïne ki leisoit Un romans ki d'amors estoit. Ch. L. 5364: lisoit Une pucele devant lui An un romanz ne sai de cui Et por le romanz escouter S'i estoit venue acoter Une dame, et c'estoit sa mere Et li sires estoit ses pere. cf. Anm. Müller 155. — F. L. 268: Molt sot . . Lire romanz . . . Totes les bones norritures, Que gentil fame savoir doit, Sot ele que riens n'i failloit. Fl. u. L. in F. L. 981: Un romans aportei avoient Qu'eles molt volentiers lisoient, Por ce que toz d'amors estoit. G. G. 6497: Dame Custance en ad l'escrit En sa chambre sovent le lit (das Buch). — 62. H. 3401: li valet de haute geste Souloient devant li (Kaiserin) harper: Car li baron et li haut per Metoient lores lour enfanz As estrumenz les premiers anz Pour plus estruire de simplece. Gal. 1168: Si lui aprent Laiz et sons et baler des mains, Teutes notes sarrasinoises, Chançons gascoignes et françoises, Loerraines, et laiz bretons Que ne faille n'a moz n'a tons. F. L. 278: Molt sot Lire romanz et conter fables; Chanter chançons, envoisëures, Totes les bones norritures, Que gentil famme savoir doit, Sot ele que riens n'i failloit. H. 3454—6. H. 3585: Il tresche et bale et trepe et saut; Il a les mains a l'estrument (Sohn des Senators). Walther v. d. Vogelw.: Owê, hovelîchez singen, daz dich ungefüege doene solten ie ze hove verdringen G. D. 1739: (menesterel) Li uns note, li autre el; Cil conte ci de Perceval, Cil raconte de Rainceval Par les rens devant les barons. (Nach dem Essen). G. D. 1757: Et Jouglès (menestrel) lor a dit chançons Et fabliaus. G. abends nach dem Hoffeste in

freuen sich und ihre Umgebung durch schöne Erzählungen und
Lieder, die sie häufig selbst auf einem Musikinstrumente begleiten.[63]
Statt des Einzelgesanges ertönt dann auch wohl im frohen
Festeskreise ein Lied, das von allen gemeinsam angestimmt wird.[64]
Auch der Höchststehende schließt sich bei solchen Gelegenheiten
nicht aus und läßt seine Stimme gleich allen übrigen erschallen.[65]
In geselligem Kreise und in der Einsamkeit, zu Zeiten der Muße
wie der Arbeit, zwischen den vier Wänden oder draußen im
Freien, in Freude und Leid — schöner Sang bildet stets einen
trefflichen Zeitvertreib.[66] So verschiedenartig wie die Gelegenheiten,
zu denen sie ertönen, sind auch die Lieder. Sehr beliebt waren
jedenfalls Liebeslieder und Lieder zum Lobe des wiederkehrenden,
neues Leben und neue Liebe erweckenden Frühlings.[67] Auch zu

seinem ostel; G. D. 1790: Li compegnon firent porter Inglet (menestrel) a l'ostel la viele. G. D. 5408: Uns chanterres Qui estoit au segnor de Hui. G. D. 4554: Li menestrel de mainte terre Qui erent venu por aquerre. De Troyes la bele Doete J chantoit ceste chançonete. Der Kaiser G. D. 3387: Et si ooit mout volentiers, A son couchier menestereus. Dieser singt 3393: eine pastorele. G. D. 4553: Lors i chantent et sons et lais Li menestrel. Uns chanterres singt G. D. 5413—20. G. D. f. 1326—65. Meyer p. 90 f. Kap. Spielleute. Efle. 2058: Mout lor sot bien chanter chançons Et conter contes d'aventure (Kaisertochter). Aelis erzählt ihren Kunden in Montpellier Efle. 5525: Si lor contoit romans et contes .. 8: Tant lor disoit de ses biax dis Que tos les fait a li entendre — 63 L. L. 16. Clar. 6909: Entre eles iert assis Gauveins Laris et Claris et Yveins . . . . 13 Entr' eus parolent d'amoretes, Sonnez dient et chançonnetes. Chast. 453: Se vos avez bon estrument De chanter, chantez baudement. Beaux chanters en leu et en tans Est une chose molt plaisanz. (aber mit Massen 57—62). — G. D. 1405,6: Schöner Gesang der Lienor. Gal 7216: Bien sçay .. Latin parler et harper laiz. Tr. III 39,791: La reine chante dulcement, La voiz acorde al estrument. Les mainz sunt beis, li lais buens, Dulce la voiz, bas li tons. G. D. 1834: el (Tochter des oste) a chantée Ovoec Jouglet (menestrel) en la viele Ceste chançonete novele. H. 3401,2. 3454: (Li valet) Salent, tument, harpent et rotent, Balent, treschent, chantent et notent; Cil chalemele, et cil estive. W. 2166: Wistasces ki sot de faviele Prist un archon od la viele (Verkleidung). — 64. G. D. 290: Ains chantent ceste chançonete (die Hofgäste). Dann G. D. 364: li quens de Sagremors Ot chanté une chançonete 2357—95. — 65. Der Herrscher gerühmt F. L. 130: Por envoisier, por bien chanter. Der Kaiser singt seinen Gästen nach Tisch ein Lied vor G. D. 1759—67 — 66. Zu Hause: G. D. 922, 3166; 1449, 5090, 3739 etc. Im Freien: G. D. 845, 3097; 2225, 1299, 5170—5238 etc. In Gesellschaft: G. D. 2357—2518; 5170—5238; G. D. 290 f; etc. Allein: G. D. 1449. 3739 etc. Muße G. D. 290, 364, 2357; H 3454 etc. Arbeit: G. D. 1147: ce fu ça en arriers Que les dames et les roïnes Soloient fere cortines Et chanter les chançons d'istoire (auch chansons de toile genannt). Freude: G. D. 1449, 5090. — Trauer: G. D. 3739. — 67. Benennung der Lieder: G. D. 1299, 4553, H. 35: son. — chançonete: G.

den Tänzen ertönen von den Lippen der Teilnehmer heitere Weisen.⁶⁸

Das hohe Interesse der höfischen Gesellschaft an Sang und Dichtung zeigt sich nicht nur in der Reproduktion; eine Reihe wichtiger Litteraturwerke hat Angehörige ihrer Kreise zu Verfassern und auch in unsern Epen werden nicht selten die dichterischen Talente der Helden gerühmt.⁶⁹

Wie der Jugend einige Bekanntschaft mit den damals beliebten Dichtungen übermittelt wurde, so wurde sie auch wohl in der richtigen Handhabung der eigenen Muttersprache nicht ganz ohne Unterweisung gelassen. Die feine höfische Rede soll gewandt, zierlich, maßvoll und frei von Flüchen und bösen Scheltworten sein. Ein nicht geringes Lob ist es, „beals parliers" genannt zu werden; doch soll man im Reden maßhalten und nie des Guten zu viel thun. Diese Mahnung wird besonders dem schwächeren Geschlecht erteilt.⁷⁰ Doch auch von einem Unterricht

D 290, 365, 1835, 2371, 3804; R. V. 199 (à karole). — chançon: G. D 2366; F. L. 269, 129; Efle. 2058, H 35 — chant: C. C. 71. — parture: C. C. 71, 4113. - salu: S B 973 —rotruenge: H.— 35 pastorele G. D. 3393. — lais: D. 4553. Liebeslieder: G D 290 845. 922, 3097, 3166, 1835, 2357 f; etc. Frühlingslieder: G D 1299; 2225; 5170 f Vgl. Walther von der Vogelw. — 68 Tanzlieder: G. D 2357 f, 2366. — Ceste (chançon) n'a pas III tors duré. G D 2512; M. P. 158.15: je chanterai a la quarole. J. B. 4765: Après coururent as caroles Ou eut canté maintes paroles R. V. 199: . . . il chant encore Ceste cançonnete à karole. G D 3397. — G. D. 3401: L'empereres le tint mout cort Que li apreïst une dance (-chançonete novele 3408) Que firent pucel·s de France A l'ormel devant Tremeilli, Ou l'n a maint bon plet basti. Cest vers de bele Marguerite. (G. D. 3415: Li gieu soz l'ormel). — 69. Der Herrscher gerühmt F. L. 126: Por rimer, por versifier . . 9: Por une chançon controver. C. C 71: Partures savoit faire et chans. R. V. 4192·. G. D. 3868: Des bons vers celui de Sab'oeil M o n s e g n o r Renaut li sovint. G. D 4113: La bone chançon le vidame De Chartres (Guillaume de Ferrières). Po. 2220: Car cist romanz que ge ci voi, Saura molt bien parler por mei. S. B. 973: Empris a rimer ce salu, Par qui tante fois vous ·alu . . . 1032: . . . A tant defin la lettre Que jou a garder vous envoi. Als Dichter werden genannt G. D. 1449: Renaut de Baujeu De Rencien le bon chevalier (auch Verfasser des B. J.). G. D. 3611: mon segnor Gasson. G. D. 5215: Des bons vers Gautier de Sagnies. — 70. D. G. 44: Dès cele hore que il nez fu, N'oï nu s issir de sa bouche Grant serement ne lait reproche. Müller 355: beredt. (Char. 36 f). D. G. 117: Sages estoit . . . . 9: Et bealz parliers. Cleom 6150: onques (mais) veu n'avoient Roi ne prince, en tout leur vivant, Si courtois ne si biau parlant. Chast. 295: Sa boiche malemant conchie Chescune qui dit vilonie. Ens. 339: Tuit les oiseaul soient honi Qui suelent conchïer lor ni. Efle 2042: N'onques ne tu ne vis ne nés Qui oïst issir de sa bouche I sairement n'un lait reproche . . . 52: Mout par sot bien amis aquerre Par biau parler et par largece. Jedoch. H. 2462: Qui trop parole, il s'en abaisse. Chast 20: Por ce doit estre amesuree Chascune dame

in fremden Sprachen ist häufiger die Rede. Der meiste Wert wurde wohl auf das Erlernen des Lateinischen gelegt.[71] Es war immer noch die Sprache der Schulen, der Gelehrten und wissenschaftlicher Werke, wenn seine Kenntnis im Vergleich zu früheren Zeiten auch wohl zurückgegangen sein mochte.[72] Das Provenzalische ist in der vornehmen französischen Gesellschaft nicht unbekannt; Lieder südfranzösischer Dichter werden wenigstens gerne gesungen[73] Ausländer bemühen sich häufig, das Französische zu erlernen. Zu diesem Zweck ziehen sie Eingeborene dieses Landes in ihre Umgebung.[74] Sonst begeben sie sich auch wohl in das Land, dessen Sprache sie erlernen wollen; wir hören dies inbezug auf das Französische, Griechische und Deutsche.[75] Der Besuch anderer Länder ist überhaupt empfehlenswert, da er den Reisenden mit den Sitten und Bräuchen fremder Völker bekannt macht.[76]

Im allgemeinen beschränkt sich der Unterricht wohl auf die genannten Fächer: Lesen, Schreiben, Gesang, Musik und Sprachen, eigene wie fremde. Vielfach wird er sich auf noch

de parler. 15: C'on dit, quant une trop parole: Aprise est de mavaise escole. Bs. 3: Damaiges vient de trop taisir Et trop parlers ce fait haïr. Por ce se doit amesurer Qui . . . 7: saiges hons a pou de cure De toutes choses sanz mesure. Vgl. Walther v. d. Vogelw.: Mâze, übermâze, unmâze. — 71. Bl. 39: Li latimiers par fu tant sages Que bien l'aprist de tos langages. M. B. 3211: . . . il seut escrire Et le Romans et Latin lire. F. B. I 263: bien sorent parler latin. Gal. 7216: Bien sçay . . . Latin parler et harper laiz. Gal. 1287: Nulz qui romans sache ou latin N'aprint oncques . . M. B. 2993. — 72. Clar. 29632: (Die Erzählungen) en Ebreu furent premier fetes Et de l' Ebreu en Latin tretes, Ou moult bien furent translatées, De Latin en Romanz portées Fors que li sacres de la loy. Bs. 285: A Tors ou mostier sain Martin Le trovai escrit en latin. Or le vuel je en romanz metre Tot ensi com conte la letre für diejenigen 292: Qui ne sevent latin entendre. P. B. 77: Cil clerc dient que n'est pas sens Qu'escrive estoire d'antif tens Quant jo nes escris en latin, Et que je perc mon tans enfin. Zur Bedeutung des Wortes latin: J. G. 2488: Li Griu (Griechen) 9: Si escrïent en lor latin. G. D. 4185: Cel jor, en romanz sanz latin, Parla a ses II chevaliers (Lïenor). — 73. R. V. 4192: . . talens li vint (frz. Ritter) De cest son provençal chanter. Ein Ritter G. D. 5197: Commença cest son poitevin. G. D. 4631: Si oï ele commencier Iceste chançon auvrignace. Gal. 1168: Si lui aprent . . . 71: Chançons gascoignes et françoises — 74. J. B. 405: Et en milleur Franchois le mist Qu'ele n'estoit quant a li vint. J. B. 3940: . . les dames qui en destrece Le tienent d'aprendre Franchois. F. B. II, 83: Il (der Sultan) li (seiner Frau) pramist qu' il li donroit Un crestïen . . . Qui bien françois li apranra. — 75. Ein engl. conte J. B. 131: Que le Franchois seut bien entendre, En France eut esté pour aprendre. J. B. 5288: Et a un bourgois demanderent, Qui sot parler franchois mout bel. — Cléom. 225: Si tost que il pot chevauchier, Le fist ses peres envoiier En Grece et aprendre griiois. Quant grieu sot, pour savoir tiois Vint à Coulongne en Alemaigne. G. D. 4650: tïescher deutsch reden. — Ein sarazenischer König H. 5669: respondi en ebreu. — 76. Bs. 419: Car bien sovent est

weniger erstreckt haben. Von religiöser Unterweisung, die doch jedenfalls nicht unterblieben ist, hören wir kaum etwas. Trotz aller Frömmigkeit der Zeit, trotz aller Ehrfurcht vor der Kirche und ihren Dienern, deren Vorschriften man gewissenhaft nachkam,[77] ist das religiöse Wissen der Laien, namentlich des männlichen Teils, oft recht beschränkt.[78]

Einige Kenntnis in der Behandlung von Wunden machen die Verhältnisse der kampf- und fehdelustigen Zeit erforderlich, und besonders sind es wieder die Frauen, die in medizinischen Dingen wohl bewandert sind.[79]

Vervollständigt wird die Ausbildung der weiblichen Jugend durch eine recht gründliche Unterweisung in allen Handarbeiten. Unter der erfahrenen Leitung der Mutter oder auch der „maistresse" werden die Töchter geschickt gemacht in der Anfertigung sowohl der alltäglichen Kleidung wie der Prunkgewänder, die mit

esbahis Hom ki vient en autre païs, C'il ainz acostumei ne l'a Por se est biens que vosse la Aprendre l'estre de la terre. — 77. H. 861: Ne puet perir qui croit en Dé. Mout par est chetis qui mescroit. H. 1264: li biens vaint en le fin, Car Deus en prent mout bon conroi. Bs. 2570: Car vostre drois vos aidera Ne jai deus au droit ne faudra. Der Kaiser H. 6285: En mainte guise s'umelie, Par lermes, par atflictions Et par mout saintes dictions . . 91: Si genouil saignent ambedui 3 tantes foiz agenilliez. Vor dem Zweikampf Bs. 8170: Et font chanter mout simplement Trois messes, Biausdous bonement Les oit, puis dist la latenie Et Ihesucrist de bon cuer prie, Que le jor honor li otroit Si bonement com il ait droit. Et de ce n'est pas oubliez Qu'il ne ce soit bien confessés, Et prist le cors nostre seignor. Mein Gönner. Ens 225: Il ne voudroit en nule guise Avoir mespris vers sainte yglyse Deu aimme, deu crient, deu aore; Au mostier velontiers demore. R. v. B. III, 119,1187: Droite contession vaut molt, Qu'ale espurge lo cuer tot. 1367: Lorsque li hons est bien confés De toz pechiez est bien lavez. 1415: Aprés bone confession Sont bones ovres de saison. Wallfahrt ins heilige Land: Efle. 125: aler outre mer sauver s'am e. 177: de croisier talens li vint. Oct. 4244: Je croi a dieu qui me forma, Qui le mont fist et estora. Perc. 40861: was muss ein guter Christ glauben. R. B. 2055. Efle. 5506: Ce le fait mout plus honerer Qu'ele (Aelis) aime Dieu et crient et sert. J. G. 3144: Car il n'est jors qu'il ne le (die Galeron) voie Et a matines et a messe. J. G. 5682: l'eure vient que lever velt; Oïe ot messe com il seut. In der Burg J. G. 5749: Messe li dist ses capelains Efle 2915: il leverent por oir messse. H. 5466: quant l'aube est esclarcie, Que l'empere a a messe oie. Perc VI p. 183,5: Oez la messe volentiers. Meyer 847. Müller 403f. Perc 7835: Contre le provoire te liève Ens. 465—754. — 78. Perc. 26109: Si a sa pattenostre ditte, Car orison grant ne petite Ne savoit plus, ce vos devise; Celi li ot sa mère aprise. Müller 360. — 79. Erfahrung in Behandlung von Wunden: Meyer 573. A. N. 26,10 f. P. B. 4583—8. Müller 180—1. E. E. 5196: Erec an eles se fia . . . 8 Premiers la morte char osterent, Puis mistrent sus antret et tante. Bs. 2178: la pucele 9: D'un oignment de grant valor Oint ces plaies mout doucement. Bs. 2538: Tot ensi sor son lit seant Oint (die Königin, seine Verlobte) ces plaies d'un mout vaillant Oignement,

Gold und Seide bestickt wurden.⁸⁰ Auch als Geschenke für die heilige Kirche fertigen die Damen kostbare Prunk- und Gewandstücke an.⁸¹ Oft wird uns ihr hohes Kunstgeschick in all diesen Dingen gerühmt,⁸² und mitunter gewinnt ein vornehmes Fräulein, das durch Unglücksfälle ins Elend geraten ist, durch ihre Geschicklichkeit in weiblicher Handarbeit in ausreichender Weise ihren Lebensunterhalt.⁸³

An den elementaren Unterricht im Lesen, Schreiben, Singen, Rechnen und in der Religion schließt sich zuweilen der Unterricht in den **sieben freien Künsten** an. Wissenschaftlichen Studien von der Art, wie sie in besser organisirten geistlichen Schulen betrieben wurden, lagen im großen und ganzen der höfischen Welt allerdings ziemlich fern, doch wird trotzdem hie und da die Gelehrsamkeit hochstehender Kreise, besonders wenn Frauen in Betracht

puis les a liees. — 80. G. D. 1162: Aprenez, fille, a coudre et a filer Et en l'orfrois les oriex crois lever G. D. 1182: Siet soi bele Aye as piez sa male maistre, Sor ses genouls un paile d'Engleterre, Et a un fil i fet coustures beles. G. D. 2226: Bele Aiglentine, en roial chamberine. Devant sa dame (.mere) cousoit une chemise. G. D. 2232: Devant sa dame cousoit et si tailloit; Mès ne coust mie si com coudre soloit. El s'entroublie, si se point en son doit. G. D. 261: Toz deschaus, manches descousues . . . 272: Ainçois qu' il cousissent lor manches, Levent lor oils et lor beaus vis, Lor atornent fil de filieres Qu' eles ont en lor aumosnieres Ch. L. 5416: (Tochter des Schlossherrn) ele li (.Yvain) leve de ses mains Le col et le vis et la face . . 22: Et fil et aguille a ses manches Si li vest et ses braz li cost . . vgl Schultz II 190; Anm. zu Ch. L ed. Holland. — G. D. 4768: ge fesoie ma cousture Müller 172 f. Meyer 186—87 g; 392—4. G. D. 1158: Fille et la mere se sieent a l'orfrois, A un fil d'or i font ories (.d'or) croiz. Tr. I 107. 2178 G. D. 1147: ce fu ça en arriers (jadis) Que les dames et les roïnes Soloient fere lor cortines Et chanter les chançons d'istoire Perc. 30405: J vit II puceles séoir D'or et de soie orfrois ovroient. Bes. Ch L. 5185—5317 und Anm. dazu. Efle. 2965: . . sa fille et ses puceles, . . . 7: Ki font orfrois et aumosnieres. D. G. 14418: Sa bele seror debonaire Qui bien savoit de soie ovrer. R V. 3997: Euriaus l'avoit bien aprise De soie ovrer en mainte guise. — 81. G. D. 1127: Desor une grant coute pointe Ouvroit sa mere en une estole (30: ovriere). 1133: Fanons, garnemenz de moustier, Chasubles et aubes parées Ont amdeus maintes foiz ouvreés Efle. 2060: Mout lor sot en une chainture Portraire l'ami et l'amie. — 82. G. D. 5312: Il n'iert ne tiessuz ne tresliz, Ainçois n'ot tot fet o aguile Jadis une roïne en Puille, En ses chambres por son deduit; El i mist bien VII anz ou VIII, Ainz que l'oevre fust afinée. Einsi com Helaine fu née etc. (Trojaroman darauf dargestellt). Efle. 5457: jou referoie Ioiaus de fil d'or et de soie, K'il n'est feme ki tant en sache: D'orfrois, de çainture, d'atache, De ce faire ai je tot le pris. Auf der Stickerei Efle 5702 . . li lyons De son escu i est portrais (Wappen). — 83. J. G. 3140: Bien se garist de sa costure (Galeron in Rom) Gal: Fresne ernährt sich durch Stickereien. Efle. 5919: çainturiere. Meyer 539,540.

kommen, gerühmt.[84] Die Gelehrten werden mehrfach als „philosophe" bezeichnet. Der Unterricht in den sieben freien Künsten zerfällt in drei sprachliche und vier mathematische Fächer, dem Trivium und dem Quadrivium. Die sprachlichen Disziplinen sind: Grammatik, Rhetorik und Dialektik.[85] Zum Quadrivium gehören: Arithmetik, Geometrie, (Theorie der) Musik[86] und Astronomie. Die letztere wird die beste der sieben Künste (la mellor des arz E. E. 6779) genannt. Die Bewegungen der Himmelskörper beobachtet und studiert man fleißig,[87] doch weniger aus wissenschaftlichen als astrologischen Gründen. Ungewöhnliche Vorgänge am Himmel veranlaßten weniger zu Nachforschungen

— 84. Dol. 1249: un philosophe li queïst Qui les VII ars li apreïst. G. P. 4785: Des ars fu bien endoctrinés, Maistres des ars — P. B. 4581: Les sept ars (Müller 388). Cléom. 1500: Cil sot presque tous les VII ars. B. J. 4845: les VII mos me fist aprendre Tant que totes les soc entendre. Clar. 29630: Li philosophe Qui tout le sens du monde lisent W. B. 5728: La mescine fu bien letrée . . . 25: Qui mult sot d'art et de clergie. Dol. 9430: An cel bois I viel home avoit Philosophe ki moult savoit, Moult fut de grant subtiliteit; Autre ville ne autre citeit Por estudier ne volloit; De clergie se traveilloit. — 85. Dol. 1419: gramaire Dol. 1434: rectorique, die Kunst des „biau parler et cortoisement." Dol. 1425: dialetique . . . 7: Que par voir la mençonge prueve Et par force le voir despreuve. — 86. quadruve Dol 1443. — E. E 6757 (ed Förster): arimetique 9: Si com ele nonbre par sans Les jorz et les ores del tans, Et l'eve de mer gote a gote Et puis apres l'arainne tote Et les estoiles tire a tire Bien an set la verité dire Et quantes fuelles un bois a. Onques nonbres, ne l'an boisa. B. J. 4847: arimetiche. — E. E. 6746: geometrie Si com ele esgarde et mesure Con li ciel et la terre dure Con la mers est lee et parfonde Et si mesure tot le monde Et puis le bas et puis le haut, Et puis le le et puis le lonc. (Also eher Geographie resp. Naturgeschichte als eigentliche Mathematik). B. J. 4847: dyometrie. Die geographischen Kenntnisse sind nicht berühmt; vgl. die Skizzierung der Reisestrecke in J. G. 1984 f. E. E. 6770: musique A cui toz li deduiz s'acorde, Chanz et deschanz et sonz de corde, De harpe, de rote et vïele. — astronomie P. B. 4603; Dol. 1449; J. B. 4848. — 87. Cléom. 1479: Chascuns savoit moult de clergie, D'ingromance et d' astronomie. Cléom. 1479—86. Esc. 13521: (Princessin) qui adez ot usé d'enfance d'astrenomie et nigremance. F. F. 856: Les VII planetes i estoient, En quoi li sage clerc savoient Ce qu'il oevrent d'autrenomie (Gemälde). H. 3260: li lune croist et descroist. 3674: Encor n'est pas li lune plaine. H. 5689: firmament . . . 97: le soleil, qui demourer Ne puet en un leu. W. 27: Il n'ot homme jusqu'as . s . Jake, Qui tant sëust de dyodake (Zodiakus?), Del firmament ne de l'espere. Dol. 12713: Li paien, ki bon clerc estoient . . . 5: Car onkes mais en cel termine N'avoient eglipse vëut . . . . 9: Li esclipses doit avenir a prime [lune] à trantisme; Lors avint an la quatuorsime. W. B. 10484—7. Perc. 8910. — W. B. 8495: Une estoile est dont aparue 7: Comant od non, solon clergie. Perc. 30220: Il fu jadis une pucele, Qui moult sot d'art et d'ingremance . . . 3: De çou estoit bien ensignie Des estoiles sot la mestrie, De la lune et del firmament,

über deren Urſachen, als zu abergläubiſchen Deutungen auf Zeitvorgänge.⁸⁸

Das Studium der ſieben freien Künſte bildet nun die Grundlage für das folgende der Theologie. Über die Gelehrſamkeit der Geiſtlichen, ihre redneriſche Begabung, ihre hervorragende Erfahrung in allen Dingen, die geiſtige Arbeit vorausſetzen, iſt bereits früher geſprochen worden (3—6). Auch das mediziniſche und juriſtiſche Fachſtudium baut ſich auf der Baſis der ſieben freien Künſte auf.⁸⁹ Die Ritter und Herren werden nicht ſelten ihrer Geſetzeskunde⁹⁰ und ihrer gerechten, nicht käuflichen Rechtſprechung wegen gerühmt. Doch hören wir auch vom Gegenteil.⁹¹ Bei verſchiedenen Gelegenheiten wird des Gerichtshofes Erwähnung gethan, der an fürſtlichen Höfen von

Dol soleil qui moult cler resplent Savoit toutes les culités. — 88 E E. 6779: la mellor des arz . . . 82: qui as estoiles se consoille et a la lune et au soloil . . . 6: cil la consoillent bien a droit De quan que ele les requiert; Et quanque fu, et quanque iert, Li font certainnement savoir Sanz mantir et sanz decevoir. Perc. 38248: Je sai bien par astronomie Que Kex l'ocist d'un gaverlot Que il avoit sous son sourcot Si que nus hom ne l'aperciut. Tr. I 18,296: si gardoit en l'er, Vit Orient et Lucifer. Des estoiles le cors savoit, Les VII planestres devisoit, Il savoit bien que ert a nestre. Tr. I 33,578: . . . le nain devin Certes, il set de maint latin. — 89. P. B. 4577: Maistres oi de grant essïent (Melior) Partoies bien plus d'un cent. Deus me dona gracie d'aprendre Et d'escriture bien entendre: Les sept ars tot premierement Apris et seuc parfitement; Après apris tote mecine, Quanqu'est en erbe et en racine. Et des espeses de valor; Apris le froit et le calor, Et de tos maus tote la cure. Et l'ocoison et le figure; Fisique ne puet mal garir Dont je ne sace a cief venir; Puis apris de divinité, Si que j'en seuc a grant plenté Et la viés loi et la novele — Vgl. Meyer Kap. XXIII der Arzt. Die Medizinschulen zu Salerno, Montpellier: Meyer 588. Guiot de Provins, la Bible 2527—2641: unwissende, betrügerische Ärzte. — 90. R. V. 5887: N'ot chevalier en tout le mont Tant seust de plais ne de drois (F F. 5680, Dol 4566). Dol. 7410: Et dist k'elle iere uns chevaliers Saiges hons et bons consilliers . . . . 17: . . de plait et de jugemant . . . . 23: Droit jugeor et justicier Fist li rois de lui erranment Tot fu mis an son jugement. Guiot de Provins, la Bible 2409: je sai bien se uns rois ou cons savoit des lois et des decrez qu'il en seroit mout honorez. La sont li point, la sont li dit et li biau mot et li escrit, dont on doit pueple governer et droiture et raison garder Tiex mestiers avient bien a prince. W. 307: Si estoit pers de Boulenois; Mout savoit de plais et de loys. Perc. 240,29: Chevalier plaidéor Devienent, Toute jor vont as plais et vienent t. — 91. Ein Herrscher gerühmt: F. L. 120: Por raporter droit jugemant, Em plait de son droit desrainier. Ein chastelain ist Ens. 242: Avisez, quant il doit jugier. F. L. 149: Tant estoit fiers qu'en nule guise Ne sosfrit tort en sa justise; Ne por rachat, ne por proier Ne voloit malvais esparnier. G. D. 84: (Der Kaiser) Por mil mars d'or, qui li donast Nel sousfrist il a torsjugier Ens. 707: Justes doit estre chevaliers, C'est a dire si droituriers, Qu'i face tot ainsinc autrui Con il voudroit c'on feïst lui.

den Lehnsmannen gebildet wird.[92] Von Paris besonders heißt es, daß man dort juristischen Studien oblag.[93] Überhaupt war die Hauptstadt Frankreichs schon damals wegen ihrer Schulen und ihrer Gelehrten hochberühmt.[94]

Von Zweck und Ziel gelehrter Studien hat man recht oft eine nach heutigen Begriffen befremdliche Anschauung. Mit ihrer Hilfe meinte man, in die Geheimnisse der Zauberei eindringen zu können.[95] Die Ausdrücke für diese Kunst oder Künste sind recht verschieden und somit auch wohl ihre Mittel und Wirkungen.[96] So heißt es von der Zauberei, daß sie sei „l'art au dyable": der Teufel giebt sich für den Jünger dieser Wissenschaft auch zum

---

Perc. VI. 241.8: Chevaliers gaires ne s'amende. De plaider por autrui tort faire. Viele thun es aber. — 92: Dol. 6388: Premiers vuel oïr jugement Des barons de ma compaignie. F. F. 5629: Ferons jugier ces XII rois. R. V. 5371—4 (li per). F B. I 2477—80. Perc. VI. 240,33 R. V. 4081. Oct. 282—6. Dol. 8949—79. Dol. 7368: Li baron firent jugemant. Gal. 3541—2. L. Fr. 101,384 f. L. Fr. 106,503—4. F. B. II 441: Jugiez la tost; ge l' vos comant. Vos qui de moi estes tenant. Guiot de Provins, la Bible 2439: cil seignor vont il a Boloingne as lois por les corz maintenir (verspottet wegen ihrer feilen, ungerechten Urteile). Ähnlich Perc. VI 240,29—41. W. 307: Si estoit pers de Boulenois (Gegend von Boulogne); Mout savoit de plais et de loys. 313: Bauduïns Buskés li nuisoit D'un fief dont il a cort plaidoit. Ein chev. hat den andern ermordet: W. 325: Dont tu Haintrois a cort mandés (vor den Grafen). W. 1664: Or me loés que j'en ferai (Graf zu den Vasallen). Diese: 1700: Or le menes par jugement .. 7: Car me creés un poi d'afaire. Envoié le a Paris au roi. G. D. 48: Tot fist par decrez et par lois Vers sa gent ce que fere dut (König). — 93. Perc. VI 240,18: Li clers vont à Paris aprendre Livres de lois et de decrez Tant qu'il sont et sage et discrez; Adont devienent avocas. Guiot de Provins, la Bible 2405 spricht von den legitres qui devienent fax plaidëor f. 2423—2526. — Über die Dauer des juristischen Studiums: G. D. 4754: s'ele tust as lois V anz toz plains sanz removoir, 7: Je ne sai por coi ne coment Ele pëust plus belement Son claim dire ne son afere. — 94. Paris. Ens 1503: Car si con c'est or de Paris, Que cler ne sont pas de haut pris, S'ençois n'ont a Paris esté Por aprendre, et sejorné. Et quant il i ont tant estu Et tant apris k'il ont lëu Don sont il et la et aillors Renommé avoc les moillors. — 95. Dol 7116: Car ele sot tant de clergie, Des ars et de philosophie, Qu'ele sot l'art d'anchantement. Esc. 13521: qui adez ot usé d'enfance d'astrenomie et nigremance (Base der Königin). Der Schluss des Studiums der Melior: P. B. 4597: Apres apris espiremens, Nigromance et encantemens. Cléom 1645: Je leur di que nigromancie Est moult merveilleuse clergie. B. J. 4848: Nigremance . . . . Et des autres asés apris . . . . 53: Si sai tos encantemens faire. M. B. 2716: Il sout asseiz de nigromancie Et d'un altre art, de piromancie. De sun savoir trop se fia. H. 996: il uevre par fantosmerie, par sorcerie et par enchant. — 96. art d'anchantement: Dol. 7118; P. B. 4597; B. J. 4853; H. 997; Cl. 3029. — nigremancie: Esc. 13522; P. B. 4598; W. 6, Cléom. 1645; B. J. 4848; M. B. 2716. — ingremancie: Cléom. 1480, W. 287. espiremens: P. B. 4597; W. 18. — piromancie: M. B. 2717. — fantosmerie:

willigen Lehrmeister her. Toledo scheint im Mittelalter als hohe Schule der Zauberei gegolten zu haben.[97]

Die höfische Erziehung findet ihren Abschluß in der Weise, daß die Knaben,[97a] häufig auch die Mädchen,[98] an den Hof eines Fürsten, meist wohl des Lehnsherrn, geschickt werden und dort mehrere Jahre verweilen. Sie werden hier zu den verschiedenartigsten Diensten herangezogen; namentlich warten sie bei Hoffestlichkeiten bei Tisch auf.[99] Die Unterweisung in allem, was zur höfischen Bildung gehört, mit der man im elterlichen Hause schon den Anfang gemacht hatte, wird fortgesetzt und zum Abschluß gebracht. Von besonderer Wichtigkeit für den späteren Ritter war natürlich, daß er mit allen Erfordernissen des **ritterlichen Waffendienstes** genaue Vertrautheit erlangte, deshalb erhält der Knappe Fecht- und Reitunterricht und beteiligt sich an

H.996.—sorcerie: H.997.—caraudes: W. 8,18.—carnin W.269.—conjuremens: W. 17.—charaies: Cl 3029; E. E. 710.—charme: E E. 710.—devinement: H 319. Zauberer: encanteor Perc 12462; F. B. III, 13; B. J. 3462.—devineor: F. L 1381; W. B. 120.—sortisseor: W. B. 119. — 97. W. 6: Toulete Ou il ot apris nigremanche, N'ot homme el roiaume de Franche Ki tant seust ars ne caraudes (Zauber). 13: Aval sous terre en l abisme, Ou parloit au malfé meïsme, Qui li aprist l'enghien et l'art Qui mout le mont dechoit et art. Il aprist mil conjuremens, Mil caraudes, mil espiremens. W. 548: Wistasces.. mout sot de l'art au dyable. W. 269: Wistasces desfist le carnin. — 97a Gal. 1841: S'avray nestier de ce savoir Q'on aprent a court de hault home. J. B. 141—9. Clar. 18421f. R. B. 690: Et quant ce uint qu'il ot XV ans, Dë biel servir est connestables. Perc. 12514: .. quant il sot lire et entendre, A son oncle (Artus) l'en envoia. Meyer 832—7. Müller 364—9. L. Jn. 7,24: Quant il est venuz en âge Ke d'eus le roi enveient le départir Si l'enveient le rei servir. De bois e de rivère aprist... 8,6: Pus l'adoba a chevaler. L. Fr. 6,41: Quant il le pout partir de sei, si l'enveia servir le rei. Cl. 113: S'irai (Kaisersohn) presanter mon servise Au roi qui Bretaingne justise, Por ce que chevalier me face. P. B. 5561,7. Efle. 8734f. — 98 Oct 3671: O moi emmenroi XX puceles, Filles au roi, gentes et beles. Efle. 8688f. D. G. 721—4. P. B. 4813: Filles de rois, filles de contes; Tant en i a que n'en est contes Tr. I 107 2178–81 Cléom. 16689f. P. B. 4813. F. L. 357: Li dux vot que par compaignie Fust (die Tochter des vavasor) avec sa fille norrie. — 99. F. F. 6139: N'i a cil ne soit filz a conte, A duc, a roi ou a viconte (heisst es von den 100 Knappen, die beim Fest bedienen). J. B. 167,8. D. G. 4075. Clar 270—3. M. B. 2262: Qui dont veïst ces escuiers Pour biau servir apparillier! Li uns leur coutiaus aguisier Pour taillier devant leur signeurs... Cl. 3269. — G. D. 642: Li vallez ert filz a un conte. G. D 5463: Li fil as barons de l'empire, Lues droit q'en a napes ostées, Ont les touailles aportées Et les bacins plains d'eve clere. Ens. 1501: de lui (roi Artu) servir fut honors Es fiz de roi et d'emparors. Der König sagt J. G. 277: Servi m'as bien et volentiers Despuis que tu fus chevaliers. Char. 6762—71. L. M. 137: Un escuier o lui avoit Ki son bercerie portoit. F. F. 2426—9. L. Tr. 57. L. M.

den Kampfspielen seiner Altersgenossen.[100] Vielfach begeben sich die Jünglinge auch als Knappen in den Dienst eines berühmten Helden und begleiten ihn auf seinen Fahrten und Zügen.[101] In zweiter Linie mußte sich der Knappe in allen auf die Jagd bezüglichen Dingen Erfahrung und Kenntnisse aneignen. Dem edlen Weidwerk geben sich Ritter und Damen mit gleicher Leidenschaft hin; es ist gleichsam der höfische Zeitvertreib par excellence.[102]

Der Tanz ist gleichfalls eine der beliebtesten höfischen Belustigungen; die verschiedensten Zeiten und Gelegenheiten boten den willkommenen Anlaß, sich diesem Vergnügen hinzugeben. Die Jugend wird daher wohl auch in dieser Beziehung unterwiesen worden sein. Man tanzte ebenso gerne im Freien, wie innerhalb der vier Wände.[103] Der Aufenthalt im Freien wird überhaupt sehr bevorzugt; Jung und Alt belustigt sich in der schönen Natur

173 Perc. 15511: Et dui varlet l'ont deshousé. A. Y. 69—72. — 100 Efle. 2018: Li damoisax avoit I maistre (am kaiserlichen Hof) Ki li aprent de l'escremie; Por combatre nel fait il mie . . . 80: As chans li aprent le seurplus, Et a tenir escu et lance . . , 83: Li maistres li fait les destriers Poindre et guencir et eslaissier: Nule chose n'i velt laissier De coi il fust repris a cort Que ne li aprende D. G. 1047. Dol. 11845. — Fest. G. D. 5186: Ces damoiseles i vont por caroler, Cil escuier i vont por bohorder, Cil chevalier i vont por esgarder. D G. 148 qui le veist a cheval Bien poist dire del vassal Conques ne vit si bien seant Si apert ne mielz chevachant. D G. 126: Ensemble menoient grant bruit De bohorder et d'escremir Et de riber et de saillir. A. P. 3053: Quant j'estoie encor jovencel, A p r e n t i s d'armes et novel. B. M. 1655. Perc. 20325—8. Clar. 18421—4. A. Y 840: Doi fil à barons du païs De haut parage et de haut pris Avoient pris sur le gravier Un bouhourdeïs mult plenier De II pars i ot compaignons Mandés, et lonc et près semons. De toute le mix de sa contrée . . . 850: Si sunt venu dehors au plain Plus sunt de 100, n'i a vilain, Ains sunt tuit gentil damoisel. — 101. Esc 6961: I sien vallet qui li porte hiaume et escu et roi de lance. B. J. 2667. L Tr. 49: Jl mist la sele en son çeval Puis si li laisse le poitral Et quant il i ot mis le frain . . . 54: Devant son segnor l'a mené Li vallès. E. E 4861,2. A. P. 5036,7. B. J. 958,9. Char. 6776,7. D. M. 301. Perc. 11923-5. B. J 5285: Son escuier apele et dist Que son hauberc li blancesist Et que son harnois aprestast t. B. J. 5947—50. D. M. 811—9. F. F. 2070. Clar. 5754. — 102. F. F. 762: De chiens, d'oisiaus et de riviere Li aprist toute la maniere; Toute riens qu'apent a franc home. G. D. 3884: Jl sejorna a ses chastiaus (Kaiser) A desduit de chiens et d'oisiaus G. D. 179: (Die chev. gebeten) Boissoner ovoec les archiers, Et li autre as liemiers, Pour sievre, qui sont bon as cers D. G 141,2. Herzogstochter F. L. 265: Faucons, terçuel et esprevier Sot bien porter et ataitier. Molt sot d'eschaz, molt sot de tables Efle 94: Bons chevaliers fu et mout biax. Et frans et larges et cortois Et seut ce riviere et de bois Efle. 6736—6886 Falkenjagd. G D. 409: li veneor, li archier F. L. 1572: Le deduit de chiens et d'oiseaux Amoit molt 8: Plus amoit berser et chacier Im Übrigen vgl. Bormann A. A. 68. — 103 M. P. 159,15: Meraugis fait mult l' envoisié Il chante avant et fiert du pié. J. B. 4765. Esc. 12910—28. R. V 199. L. Jn. 85,14.

in der verschiedensten Weise und an den verschiedensten Spielen. Erwähnt sei nur das Ballspiel.[104] Spiele, die man in Gesellschaft oder zu zweien spielen kann, sind ferner das Schachspiel, verschiedene andere Brettspiele und das Würfelspiel. Sie müssen sich einer außerordentlichen Beliebtheit erfreut haben und gehörten zu den Künsten, in denen der höfischen Jugend Unterweisung und Belehrung nicht vorenthalten wurde.[105]

Auch Anweisungen und Ratschläge darüber, wie man sich in der feinen höfischen Gesellschaft und in den verschiedensten Lagen des Lebens zu benehmen habe, wie man sich kleiden müsse, welche Tugenden man üben, welche Untugenden man meiden solle, werden auf keinen Fall vergessen sein. Zwei Dichtungen des

Cléom. 17515: Danses, baus, caroles et jeu Estoient vëu en maint leu . . 8: Reviaus et deduis et baudors Erent f. C. C. 1924—6. Clar. 3278—82 D. G. 1221. C. C. 5465—7. B M. 2496: . . . Sire, il faut esbanoier, Nous dames vous prions que vous venez treschier Ou faire la karo'e en ce jolif vergier. G. D. 5413: C'est la gieus, la gieus, q'en dit en ces prez. Vos ne vendrez mie, dames, caroler. La bele Aeliz i vet por joer, Souz la vert olive. Vous ne vendrez mie caroler es prez. Lied 5426: C'est la gieus enmi les prez . . 8: Dames i ont bauz levez. G. D. 507: Devant le tret, en I pré vert, Les puceles et li vallet Ront la carole commenciée. (Dazu singen einzelne Tanzlieder). 548: Tant ont chanté que jusq'as liz Ont fetes durer les caroles — 104. Der Kaiser G. D. 3649: Venez en, dit il, biaus amis En ce vergier o moi deduire F. L. 961: Un soir s'an vont en un vergier Soul a soul por esbanoier. 5: Ce fu en mai a tens serain. 7: S'asistrent soz un olivier. F. L 1066: Si com il furent costumier, Un soir sont ou vergier entré. Efle 2086: Et ses gens et si chevalier Cuellent del fruit por iaus deduire. G. D. 544: ge qieudrai la flor. — Im Freien: B. M. 2496—8. Char. 1635: An cele prée avoit puceles Et chevaliers et dameiseles, Qui jooient à plusors jeus. Esc. 14340. L. Jn 87f Char. 1635f. F. F. 6059: Auquans à la pelote juient. nimpole A. N. 83.9. Li valet H. 3454: salent, tument, harpent et rotent, Balent, treschent, chantent et notent . . . 60: Li plus legier n'ont soing de note, Ançois keurent a le pelote. — G. D. 3415: Li gieu soz l'ormel D. G. 138—271: Die Hofhaltung wird in ein im Walde eingerichtetes Zeltlager verlegt. — 105. F. F. 758: Après des tables li aprent (der mestre) Et des eschés tout ensement, Comment on doit son jeu garder Et son aversaire mater. Bl. 40: bien l'aprist D'eskés, des tables et des dés. De tout çou fu bien escolés. G P. 762: Si set plus d'eschès et de tables J. B. 400: De jus des cambres seut assés D'eschès, de tables et de des. R. B. 683—6. J. B 399—404. B. M. 3620. Dol. 10731. F. F. 6529: Li rois Florians i seoit, A I duc as eschais jooit. Dol. 10718—23. D. G. 12099. Esc. 14342—5. M. Fr. 803: Cil chevalier jeuent as tables Et as eschés de l'autre part O à la mine, o à hasart. — Müller 157—163. Efle 94: Bons chevaliers fu et mout biax Et frans et larges, et cortois; Et seut de riviere et de bois, D'eschès, de tables plus k'om nés. 762: Lés I eschequier bel et gent S'assist pour jouer a son oste. Efle. 2026: Et quant il est avoec s'amie, Mout la set servir de biax dis, De dés, d'eschès, de gius partis Efle. 2972: Par delés li jouoit Guillaumes A II damoisiaus a la mine. Efle. 5526,7 E. E. 356: mine, hasart 7 eschas, tables. G. D. 496: Puis sont al joer as tables, . .

Robert von Blois, aus denen ich unten einige Stellen heraushebe, sind, abgesehen von anderen Werken ähnlicher Art, ausdrücklich dem Zwecke geweiht, die Jünglinge nnd Jungfrauen mit den feinen, höfischen Umgangsformen bekannt zu machen.[106]

Mit dem Augenblick, wo der Jüngling den langersehnten Ritterschlag empfängt, gelangt auch dieser letzte Abschnitt in der Erziehung der höfischen Jugend zum Abschluß.[107] Die Lehrzeit ist mit diesem wichtigsten Ereignis im Leben eines Ritters, das den jungen Mann zum vollberechtigten Mitglied des vornehmsten Standes, der „chevalerie", macht, vorüber.[108]

8: Rejoent as dez, au hasart Denier a autre tresqu'a VI. 501: Cil as eschez, cil a la mine. G. D. 3583: Onques mès rois ne perdi fierce (Königin im Schachspiel), Ainçois que ses gieus fust assis. Ch L. 6761: hoquerel (wohl der Name eines betrügerischen Spieles). — 106. Anweisungen für Frauen: Kleidung: Chast. 189—212. Essen und Trinken: Chast 301—342; 497-538. Müller Kap. II. — Mittel gegen blasse Gesichtsfarbe: Chast. 376 und üblen Geruch des Mundes: Chast. 383. Beschneidet die Fingernägel und haltet sie rein: Chast. 469f. Benehmen während des Gottesdienstes: Chast. 393—438. — Benehmen auf der Strasse: Chast. 71-91. 477—489. — Benehmen bei einer Bitte um Gegenliebe: Chast. 565-757. Benehmen Männern gegenüber: Chast. 97-188. J G. 1223: il n'afiert pas que feme die: Je voel devenir vostre amie. — Seid nicht streitsüchtig (Chast. 255-300), hütet euch vor der Lüge (Chast. 539-64) u. s w. — Anweisungen für Männer: Benehmen gegen Damen: Ens. 315—464 (321: Qui es dames honor ne porte, La soie honor doit estre morte. Dieselben Verse Perc. 1733). — Verhalten der heiligen Kirche gegenüber: Ens. 465-754. (Ens. 491: Quant Deus sainte yglise sacra, Dous bones gardes li dona. Ce furent cler et chevalier: Les clers por la loi ensoignier Et en sainte yglise servir, Les chevaliers por garantir C'on ne li feïst nul outraige. 513: Que clers ne puet par preeschier, Doit cil faire par menacier. Wenn Drohung nicht hilft 516: force lor face). Meyer 847. — Setzt kein Vertrauen auf einen serf (Ens. 1137—1262) und hütet euch vor Schmeichlern und Verrätern (Ens. 1263—1364). Seid nicht stolz (Ens. 877—1136), neidisch (Ens. 817-876) und verläumdet nicht (Ens. 755—816) Übt Geduld und seid nicht jähzornig (Ens. 1697—1873). Hütet euch davor, habsüchtig zu erscheinen, sondern erweist euch freigebig (Ens. 1365—1696), denn largesce 1608: Si est appelee roine Sor totes les autres vertuz. D. G. 1441: Avarice haes de mort. Vgl. Müller Kap. V: Formen des höfischen Verkehrs. — 107. J. G. 277 (König): Servi m'as bien et volentiers (als Knappe) Despuis que tu fus chevaliers. L. Jn. 7,24—8,6. Cl. 113—5. Bs. 488: nuns ne puet En grant pris par armes monter, S'ançois ne s'a fait adouber. Vallez ne doit a chevalier Joster n'en armes essaier. Por ce, biaus fiz, en deu honor Prendras armes. Meyer 831—837. B M. 3568: se je puis jamais a telle honneur venir Que soie chevaliers. Förmlichkeiten, unter denen der Ritterschlag erteilt wird: Meyer 838—846. — 108 Perc. 2826: Et dist que donée li a La plus haute ordre après l'espée, Que Diex ait faite et comandée, C'est l'ordre de chevalerie Qui doit estre sans vilonie.

Anm. zu p. 14. In unsern Texten finden sich zahlreiche Anspielungen auf andere litterarische Erzeugnisse oder deren Stoffe. Meist wird uns wenig mehr als ein Name genannt, so besonders, wenn Personen unseres Romans inbezug auf ihre Tapferkeit, Ritterlichkeit, feine Umgangsformen, Schönheit mit andern berühmten Helden resp. Heldinnen verglichen werden. Doch auch andere Umstände geben vielfach Anlaß zur Erwähnung einer aus Sage oder Geschichte bekannten Person, deren Lebensschicksale und Thaten in Dichtungen gefeiert worden waren.[109] Zuweilen werden uns Ereignisse dieser Dichtungen kurz nacherzählt. Dies geschieht besonders gelegentlich der Beschreibung kostbarer Prunkstücke, auf denen solche Ereignisse zu kunstvoller Darstellung gelangt sind.[110] Wie dem aber auch immer sein möge, das eine ist wohl sicher, daß alle Namen, die in den für die höfische Gesellschaft bestimmten Dichtungen genannt werden, diesen Kreisen durchaus bekannt und vertraut sein mußten. Somit dürfte eine Zusammenstellung

[109] Vor allem häufig werden natürlich die Helden der **Tafelrunde und König Artus** genannt. Bs. 256: Au tens le riche roi Artu E E. 653. G. D. 4605; 4667. J. G. 2806 — Besiegte Gefangene zu Artus geschickt: Bs. 1378—84. Ens. 1642—96. Ens. 1499, 1557. — Bs. 4181—92: Saigremors, Gawains, Lancelot del Lac, Cligés ne li fils Erec, Yvains, Calogrenans. — Bs. 3955. G. D. 1740, 2871: Perceval. — Bs. 4108: Kex li senechaus (gelobt), 4141: Mais volentiers dist mal d'atrui. G. D. 3154: Jl fu toz les jors de sa vie Assez plus fel que ne fu Keus. — Efle. 1434: li sages Mellins. — Bs. 2237. Morge la fee. — G. D. 364 kommt ein quens de Sagremors vor. Vgl. zur Jacobsmühlen, Zur Charakteristik des Königs Artus im afrz. Kunstepos. Diss. Marburg 1888. — **Kaiser Karl und die Helden der chansons de geste**: E. E. 6679: chansons de geste. Aufzählung von Karlsrittern Ens. 469—77, 1289—92. Efle. 1284—7. E E 5778,9. — A. P. 3880: Rollant, Oliviers. — G. D. 4499: Berte as granz piez ne Aude qui fu suer Olivier. — J G. 1611: Rollans, Oliviers, Agoulans. W. 2203: Agoullant, Aimon, Blanchandin. — Rolanz: Cb L. 3236, G. D 2746, Bs. 947. — Bs 946: Oliviers. — Nach der kaiserlichen Tafel produzieren sich mnesterel: G. D 1741: Cil raconte de Rainceval. — Der Kaiser lässt sich eine Tirade aus einer chanson de geste von einem Jongleur vortragen: G. D. 1326—65. — G D. 2295: Viviens d'Aleschans. — Ausserordentlich häufig erwähnt werden die **Helden der Trojaner- und Aeneassage**. Ch. Esp. 4272. Bs. 628. G. D. 1598: puis le tens Paris de Troie. Efle. 7674: Elene vint par nage de Grece en la terre Paris. Bs. 1514. F. L. 204 Efle. 7908: Puis que Troie la grans fu arse. Bs. 1459: li prous Ector de Troie (dessen Angriff auf die griechischen Schiffe beschrieben 1459—71). J. G.: S' Ector i fust. V. R. 4973. Gal. 3883. J. G. 2594: Dinas, dus de Cartage. **Andere Helden des Altertums: Alexander der Grosse**: Efle 100 (sein Vater Philippe erwähnt). H. 5341: Qu'onques ne fist rois Alixandres. G. D. 5306: Alixandres fist a Tyr Le saut. G. D. 2871. Ens. 1194 (Daire); 1458—98 (Porus). Ens. 1193—1223. — **Caesar**: Efle. 1022; Ens. 1735 (Jllerdres; 1771: Sycoris). — **Medea**: Cl. 3031. — J. G 2872: Agenor und sein Sohn Emenidus, dus d'Ataines. — Gal. 3883: Oyr de **Thebes**. F. L. 163: De Thebes fu sires et dux Se fu apelez **Narcisus**. Die Narcissus-

solcher Stellen uns über die litterarische Geschmacksrichtung jener Zeit einige Auskunft zu geben imstande sein. (Vgl. Seiffert, Namenbuch zu den afrz Artusepen 1882). Von den „lais" wird uns ausdrücklich berichtet, daß sie sehr beliebt waren.[111] Die Dichter betonen sehr gern, daß das Erzählte nicht erfunden, sondern von ihnen aus andern Schriften übernommen sei[112] Sie haben eine hohe Meinung von dem Werte der Erzählungen überhaupt, wie besonders von dem ihrer eigenen.[113] Geschichtliche Darstellungen und Chroniken haben Geistliche zu Verfassern, die oft im Auftrage ihrer fürstlichen Gebieter ihre Aufzeichnungen vornehmen[114]

sage F. L. 1601f — G. D. 3475: La kalende de mai commence. — Bs. 258: Samiramis, roïne De Babilone Bs. 1514. F. L. 354. — H. 5148: nous lisons en latin Qu' Elaine, mere Constentin, Trouva cele veraie croiz Ou nostre sire tu destroiz. H. 6213f. — Streit zwischen Körper und Seele in der Hölle: R v. B III 106, 725. — Efle 8058: Quant Apollonies fist a Tir Le sanc, ce cuit. n'ot pas tel duel. — Die Geschicke Tristans und Jsoldes waren sehr bekannt: V. R 4972 F. L. 225. Efle 3122—37, 3450f., 4617f., 8776, 8848, 6353f, 7822. E. E. 424, 1248. G. D. 5493: Tristrans ama Yseut - Ein anderes berühmtes Liebespaar ist Pyramus und Thisbe: Clar. 163, F. L. 985—92, Efle. 6360—79. — G. D. 1757: Jouglès lor a dit chançons et tabliaus. — G. D. 5407: savra il mout de Renart (muss sehr schlau sein). — 110. F. B. p. 19 und 165 (Beschreibung einer coupe). E. E. 5335f: In die Elfenbeinteile eines kostbaren Sattels sind Ereignisse aus dem Leben der Dido und des Aeneas eingeschnitten G D. 5318: Einsi com Helaine fu née, J estoit l'istoire portrete (auf einem Tuch eingestickt) Ele meïsme i fu retrete, Et Paris et ses frere Hectors, Et Prians li rois et Mennors. Li bons rois qui toz les biens fist, Et si com Paris la ravist, J sont d'or tetes les ymages; Et si come li granz barnages Des Grieus la vint requerre après; Si i fu aussi Achillés, Q'ocist Hector, dont granz diels fu; Et si com cil mistrent le fu En la cité et el donjon, Q'en avoit repost a larron Es chevax de fust et tapis En ce qu'il jut sor les tapis, Desroubée fu la navie Des Grieus Auf einer coupe d'or sind Ereignisse aus Tristans Leben dargestellt Efle. 579—616. — 111. Die lais waren sehr beliebt J. G. XXIII Kar muit l'ayment, si l'unt mult cher Cunte, barun e chivaler . . E lire le funt, si unt delit E si les funt suvent retraire. Li lay suelent as dames plaire J G. 929: Li lais ne fust pas si en cours, Nel prisaissent tot li baron. Doch 934: Tex lais i a, dass ihr 933: i troverés mençonge. G D. 2537: Graalent. G. D. 5497: Lanvax. — Gal. 1172: laiz bretons. — 112. R v. B. III 112,930: en un livre lisant trovai. 933: Si con tesmoigne li escris. Ens. 281: Cist diz n'est pas controvaûre, Ainz est toz estraiz d'escripture f. — 113. Clar. 29628: Car se les estoires ne fussent Les genz de droit riens ne seüssent; Li philosophe les escrisent Qui tout le sens du monde lisent. Der Dichter spricht von sich und seinen Gönnern: Ens 267: Bien sai que mes nons et li lor N'estront oblïé a nul jor. — 114 G. G. 2321: Mès moignes e chanoines de abaïes Ki des reis escristrent les vies . . . 9: Et des eveskes ensement L. Tl. 27: Li preude clerc qui donc estoient Totes escrire les fesoient. Clar. a 63: Quant li roys ot tot entendu, Un clerc manda, n'a atendu Tout 46 fet en la chartre escrire. (Vgl. 5).

Printed by Libri Plureos GmbH in Hamburg, Germany